사계절 코바늘 가방

쉽게 만들어
편하게 메는 니트백

사계절

코바늘 가방

박강혜 지음

프롤로그

평생 뜨개와 함께하셨던 할머니와 솜씨 좋은 엄마의 어깨 너머로
어렸을 때부터 뜨개를 배웠습니다.
할머니와 엄마가 뜨개를 즐기셨던 나이를 지나고 있는 요즘,
나와 오래오래 함께할 취미 하나 갖는 건
내 곁을 떠나지 않을 친구를 두는 것과 같구나 싶어요.

이 책에는 뜨개라는 친구와 함께 하면서 저의 즐거움이 되었던
손뜨개 가방들을 담았습니다.

좋아하는 컬러의 실을 고르고 시간을 담은 한 코 한 코를 모아
내 마음에 드는 가방을 완성해 일상에서 사용하는 즐거움.
제가 뜨개 가방 작업을 좋아하는 이유입니다.

그 즐거움을 만나러 가는 길에 이 책을 택해 주어서 감사합니다.

부엔 카미노(Buen Camino)!

23년 여름, 사탕가루

목차

part1   코바늘 가방을 뜨기 전에

part2   사계절 가방 도안

봄

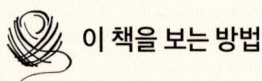

계절별로 나뉜 작품의 화보를 보고
내 취향에 맞는 작품을 선택해요

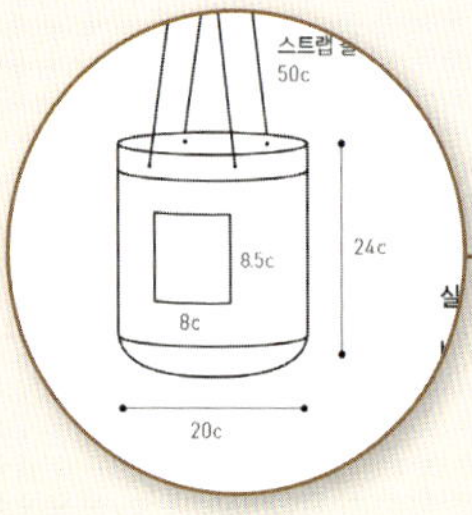

플라워백

봄 느낌 물씬 나는 컬러의 연사를 이용해 만드는 네트백
자투리 실로 만든 꽃을 사슬뜨기로 연결해 가방에 장식합니다.

47

작품의 전체 크기를 확인하면
실물을 감안해볼 수 있어요

스트랩 길이
50c

24c

8.5c
8c

20c

실   애니코튼 3볼, 배색실 약간
바늘   모사용 5/0(3mm)
사이즈 가로 20c, 높이 24c

작품을 만드는 데 필요한
실과 바늘을 확인해요

만드는 방법을 확인하고
도안과 함께 보면서
작품을 만들어요

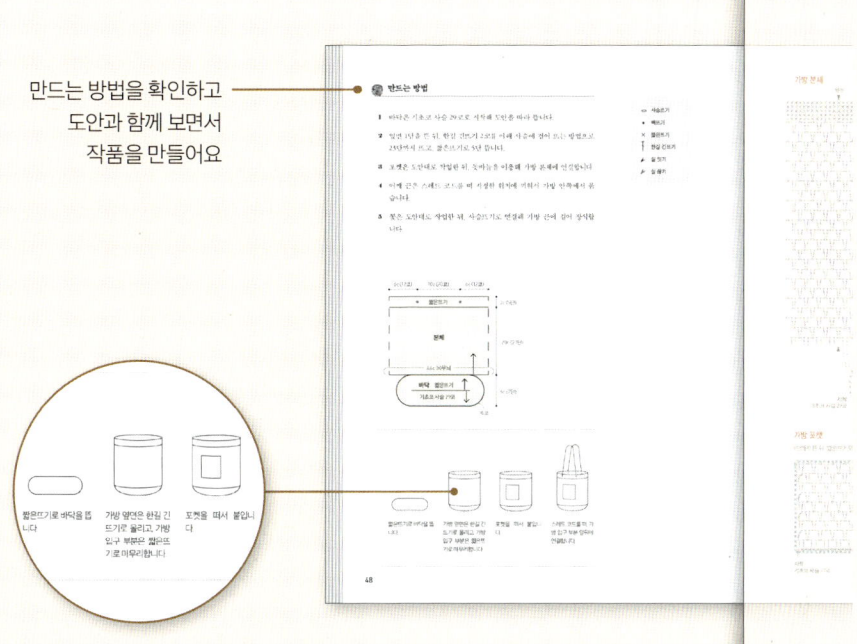

전체적인 단계를 간단한 일러스트로 확인해요

가방의 도안을 확인하면
쉽게 단계를 확인할 수 있어요

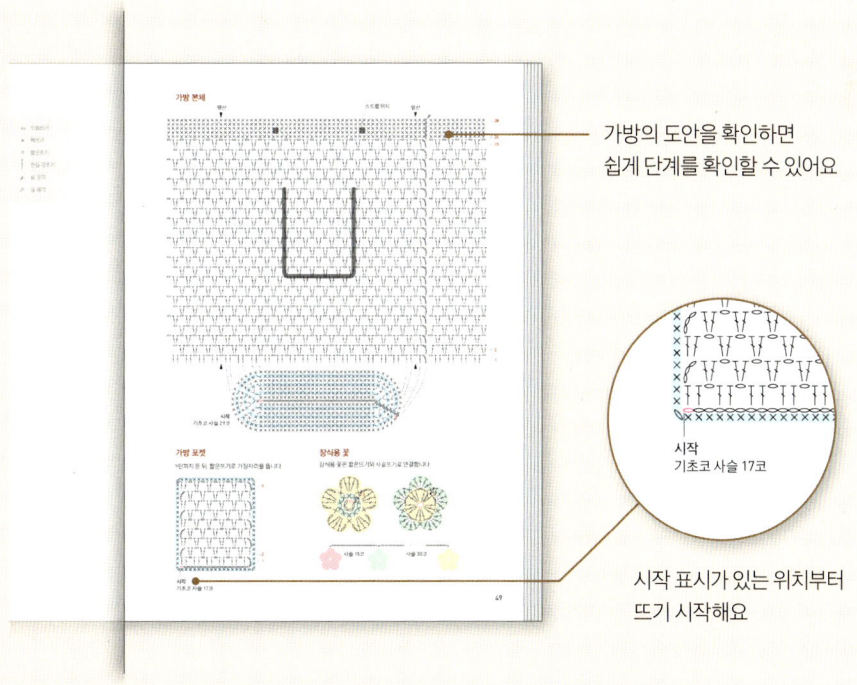

시작 표시가 있는 위치부터
뜨기 시작해요

part1

코바늘 가방을
뜨기 전에

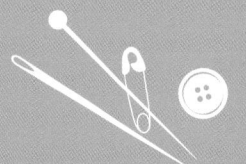

도구 소개

1 모사용 코바늘

모사용 코바늘은 기본적으로 실의 굵기에 맞춰 선택하지만, 개인 손땀과 원하는 편물의 느낌에 따라 유연하게 선택할 수 있습니다.

사이즈는 보통 2호(2/0, 2mm)부터 10호(10/0, 6mm)까지 바늘의 굵기에 따라 구분됩니다.

본인의 뜨개 습관에 맞고, 뜨개 할 때 피로도가 적은 재질과 그립의 형태로 선택할 수 있습니다.

2 점보 코바늘

점보 코바늘은 기본 단위를 mm로 표기하며, 패브릭 얀 등의 굵은 실로 뜰 때 사용합니다.

굵은 실의 경우 바늘과의 마찰이 뜨개 할 때의 속도나 피로감에 영향을 미칠 수 있어 실의 소재에 따라 다른 재질의 점보 코바늘을 선택할 수 있습니다.

3 돗바늘

뜨개를 마무리하면서 꼬리실을 감추거나, 편물끼리 연결할 때 사용합니다.

실의 굵기와 사용 용도에 따라 돗바늘의 굵기와 형태, 소재들을 선택할 수 있습니다.

4 스티치 마커(단수링)

편물에서 단이나 코를 표시해야 할 때 사용합니다.

5 줄자

편물의 사이즈를 측정할 때 사용합니다.

6 시침핀

시침용으로 사용하거나, 블로킹할 때 편물 형태를 잡는 경우 등에 사용합니다.

7 가위

실을 자를 때 사용합니다. 사용하는 실의 굵기에 따라 가위도 다르게 사용할 수 있습니다.

# 이 책에 사용한 실

1 나코 내추럴 울 NAKO Natural Wool
소재 : 오스트레일리아 퓨어 울 50% 프리미엄 아크릴 50%
중량 : 100g
권장 바늘 : 10/0. 점보 코바늘 7mm

2 도담 dodam
소재 : 한지 100%
중량 : 40±5g
권장 바늘 : 5/0 - 6/0

3 라탄 lattan
소재 : 라피아 100%
중량 : 40±5g
권장 바늘 : 5/0 - 7/0

4 르네상스 Renaissance
소재 : 30수 순면 98% 스판덱스 2%
중량 : 500±10g
권장 바늘 : 점보 코바늘 10 - 12mm

5 미니밀리 Mini Milli
소재 : 코튼 100%
중량 : 150±10g / 250±10g
권장 바늘 : 8/0 - 10/0

6 보울보울 bohwool bohwool
소재 : 울 55% 알파카 10% 나일론 10% 아크릴 25%
중량 : 50±5g
권장 바늘 : 5/0 - 7/0

7 브이 V
소재 : 폴리에스터 100%
중량 : 200±10g
권장 바늘 : 7/0 - 8/0

8 비스킷 Biscuit
소재 : PET 60% 비스코스 레이온 30% 폴리에스터 10%
중량 : 150±10g
권장 바늘 : 8/0 - 10/0

9 소이 Soi
소재 : 한지 100%
중량 : 200±10g
권장 바늘 : 6/0 - 7/0

10 아델라 Adela
소재 : 코튼 100%
중량 : 500±20g
권장 바늘 : 5/0 - 6/0

11 애니울 Anywool
소재 : 울 40%, 아크릴 60%
중량 : 45±5g
권장 바늘 : 5/0 - 6/0

12 애니코튼 Any Cotton
소재 : 코튼 100%
중량 : 50±5g
권장 바늘 : 5/0 - 6/0

13 올리오 Olio
소재 : 큐프라 50% 아크릴 30% 폴리아마이드 20%
중량 : 70±5g
권장 바늘 : 4/0 - 5/0

14 인스턴트 레더 Instand Leather
소재 : 폴리에스터 100%
중량 : 350±10g
권장 바늘 : 9/0 - 10/0

15 제밀리 Jemilli
소재 : 폴리에스터 65% 코튼 27% 레이온 8%
중량 : 500±10g
권장 바늘 : 점보 코바늘 9 - 10mm

16 헤이즐 Hazle
소재 : 아크릴 65% 울 35%
중량 : 100±5g
권장 바늘 : 5/0 - 6/0

코바늘 도안 보기

이 책의 작품 도안은 코바늘 기호를 이용해 작성되었으며 코바늘 기호는 작품의 겉면 기준으로 표시합니다. 코바늘 도안은 아래부터 위로 쌓아 올라가며 뜨는 편물을 표기한 적층형 도안과 가운데부터 바깥 방향으로 뜨는 편물을 표기한 방사형 도안으로 나눌 수 있습니다.

적층형 도안의 경우 왕복뜨기와 원통뜨기가 포함되며 기초코는 사슬코로 시작합니다.

왕복뜨기의 기둥코는 홀수 단은 오른쪽에, 짝수 단은 왼쪽에 있습니다.
기둥코가 오른쪽에 있는 단은 편물의 겉을 보면서 도안의 오른쪽에서 왼쪽 방향으로 뜹니다. 기둥코가 왼쪽에 있는 단은 편물의 안을 보면서 도안의 왼쪽에서 오른쪽 방향으로 뜹니다.

원통뜨기는 편물의 겉을 보고 오른쪽에서 왼쪽으로 뜹니다.
기둥코는 매단 있는 것이 기본이며, 기둥코가 있는 경우 빼뜨기가 기둥코 오른쪽에 있습니다(빼뜨기가 기둥코 왼쪽에 있는 경우, 그 단은 왼쪽에서 오른쪽으로 원통뜨기 합니다).
짧은뜨기로 기둥코 없이 원통뜨기 하는 경우, 각 단의 첫 코에 마커(단수링)를 걸어 표시하며 뜨는 것을 권장합니다.

방사형 도안은 원형뜨기, 그래니스퀘어 등을 포함하며 시작은 매직링이나 사슬코로 만든 원형 기초코로 시작합니다. 보통 매단마다 기둥코를 올린 뒤, 시계 반대 방향으로 도안을 보면서 뜹니다. 하지만 작품에 따라 뜨개 방향을 달리할 수도 있으며 이 경우 기둥코의 방향을 달리할 수 있으며 도안에 별도 표시합니다.

위의 내용은 기본적인 코바늘 도안 보는 법으로, 뜨는 사람의 의도와 계획, 디자인에 따라 다양한 변형이 가능합니다.
완성품과 기호 도안, 그리고 도안 내 설명을 잘 살펴 작업해보세요.

왕복뜨기(평면뜨기)

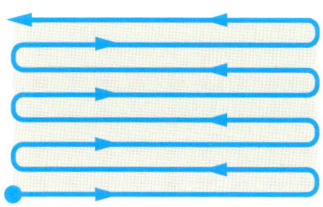

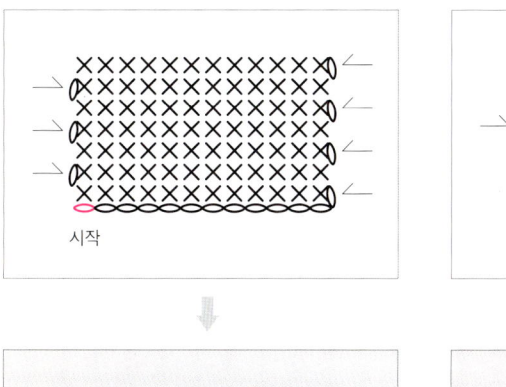

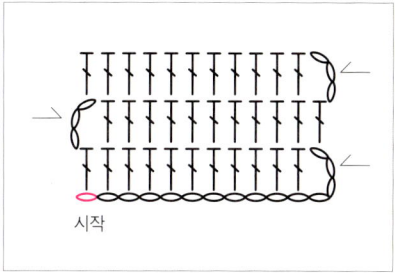

평면 도안에서 1단의 기둥코 위치가 오른쪽에 있으면 보통 시작코는 기초코의 왼쪽 첫 번째 코입니다.

원통 뜨기

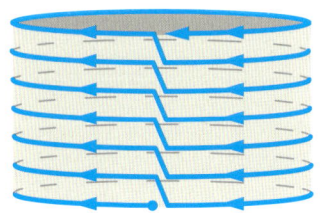

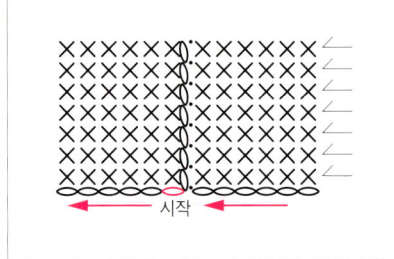

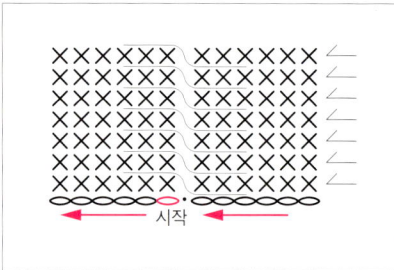

기둥코가 있는 원통뜨기

기둥코가 없이 뜨는 원통뜨기

그래니스퀘어

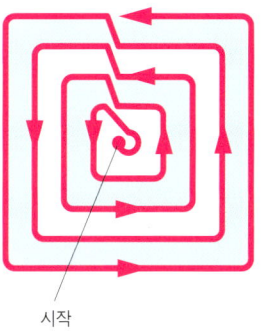

시작

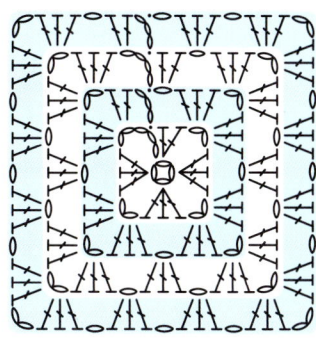

기둥코가 있는 원형뜨기

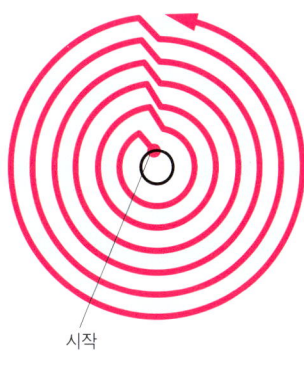

시작

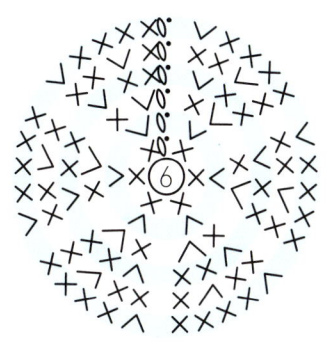

기둥코가 없는 원형뜨기

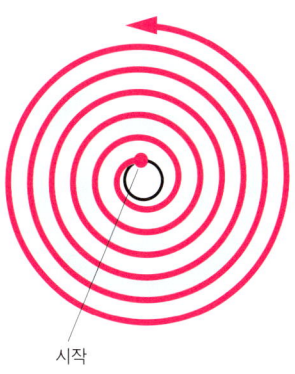

시작

사슬뜨기

⌒

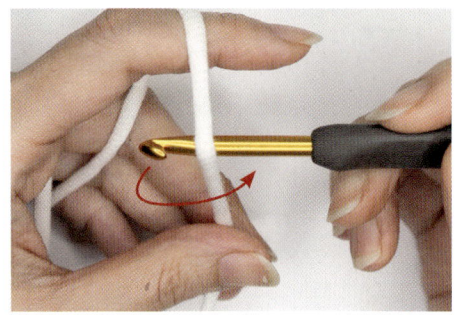

01 오른손에 쥔 바늘을 왼손에 쥔 실 뒤에 두고 몸
쪽(시계 반대 방향)으로 바늘을 돌립니다.

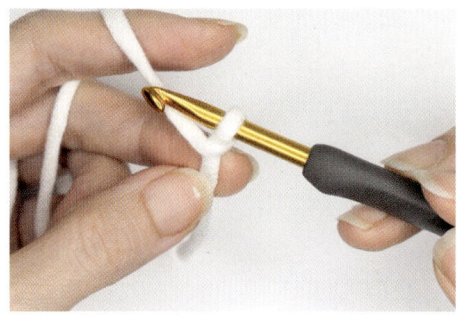

02 실이 교차됩니다.

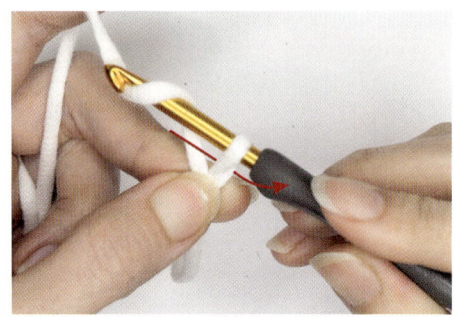

03 실이 교차된 부분을 엄지와 중지로 쥐고 바늘
에 실을 감아 바늘에 걸려 있는 고리 사이로 뺍
니다.

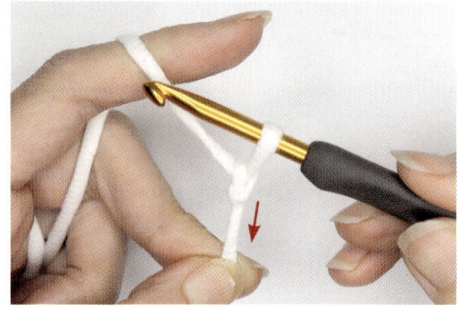

04 꼬리실을 아래로 당겨 조여 매듭을 만듭니다.
엄지와 중지로 매듭 부분을 쥡니다.

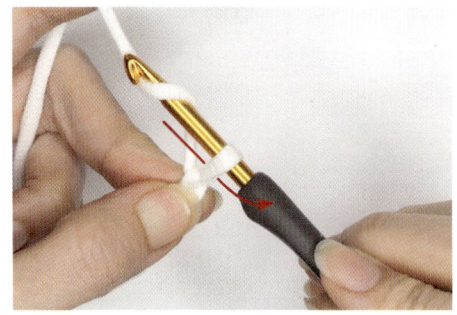

05 바늘에 실을 감아 바늘에 걸려 있는 실 고리 사
이로 뺍니다.

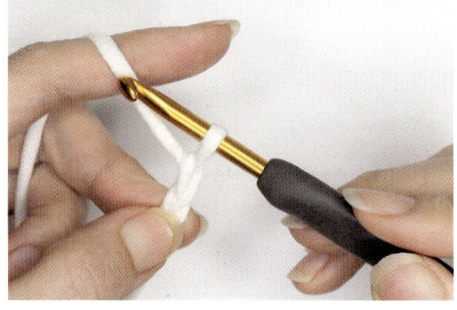

06 사슬뜨기 1코가 완성되었습니다. 바늘에 걸려
있는 실은 코로 세지 않습니다.

짧은뜨기

×

01 아래 단의 코머리에 바늘을 앞에서 뒤로 통과 합니다.

02 바늘에 실을 감고 뒤에서 앞으로 뺍니다.

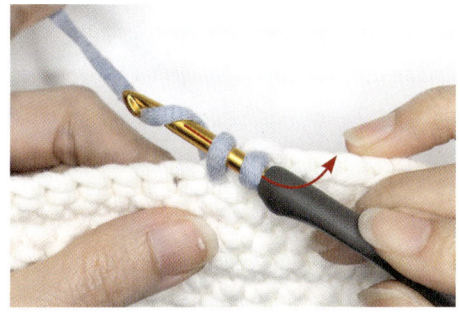

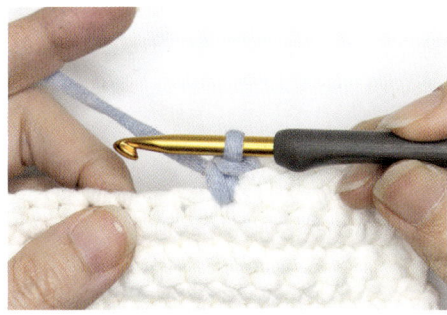

03 바늘에 다시 실을 감고 바늘에 걸려 있는 고리 2개 사이로 한 번에 뺍니다.

04 짧은뜨기를 떴습니다.

이랑뜨기

(뒤)이랑뜨기

(앞)이랑뜨기

01 아래 단의 코머리의 뒤 반 코에 바늘을 통과해 짧은뜨기 합니다.

02 아래 단의 코머리의 앞 반 코에 바늘을 통과해 짧은뜨기 합니다.

빼뜨기

●

01 아래 단의 코머리에 바늘을 앞에서 뒤로 통과
합니다.

02 바늘에 실을 감아, 바늘에 걸려 있는 고리 모두
를 한꺼번에 통과해 바늘을 앞으로 빼냅니다.

03 빼뜨기를 떴습니다.

이랑 빼뜨기

⬤

01 아래 단의 코머리의 뒤 반 코에 바늘을 앞에서
뒤로 통과해 **빼뜨기** 합니다.

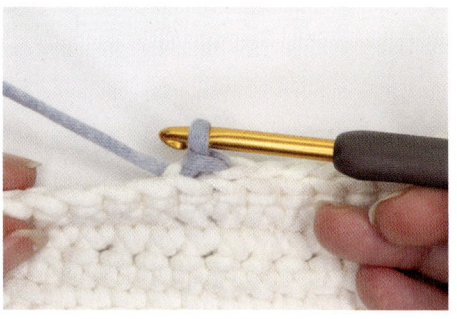

02 이랑 빼뜨기를 떴습니다.

겹짧은뜨기

01 아래 단의 코머리가 아닌 단 부분에 앞에서 뒤로 바늘을 통과합니다.

02 바늘에 실을 감아 다시 앞으로 빼냅니다.

03 다시 바늘에 실을 감아 바늘에 걸려 있는 2개의 고리 사이로 한 번에 빼냅니다.

04 겹짧은뜨기를 떴습니다.

긴뜨기

01 바늘에 실을 감아, 아랫단의 코머리에 앞에서 뒤로 통과합니다.

02 바늘에 실을 감아 바늘을 앞으로 빼냅니다.

03 바늘에 실을 감아, 바늘에 걸려 있는 3개의 고리 사이로 한 번에 빼냅니다.

04 긴뜨기를 떴습니다.

한길 긴뜨기

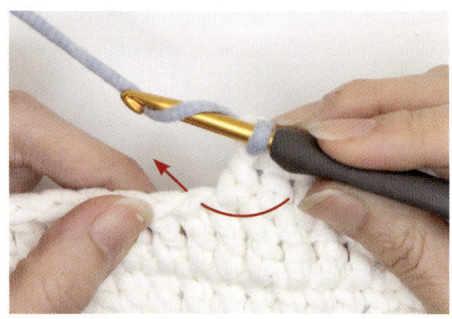

01 바늘에 실을 감아 아랫단의 코 머리에 앞에서 뒤로 통과합니다.

02 바늘에 실을 감아 바늘을 앞으로 빼냅니다.

03 바늘에 실을 감아 바늘에 걸려 있는 3개의 고리 중 왼쪽과 가운데 고리 사이로 한 번에 빼냅니다.

04 바늘에 실을 감아 바늘에 걸려 있는 2개의 고리 사이로 다시 한 번에 빼냅니다.

두길 긴뜨기

01 바늘에 실을 2번 감아 아래 단의 코 머리에 앞에서 뒤로 통과합니다.

02 바늘에 실을 감아 바늘을 앞으로 빼냅니다.

03 바늘에 실을 감아 바늘에 걸려 있는 4개의 고리 중 좌측 2개의 고리 사이로 빼냅니다.

04 바늘에 실을 감아 바늘에 걸려 있는 3개의 고리 중 왼쪽과 가운데 고리 사이로 다시 빼냅니다.

05 바늘에 실을 감아 바늘에 걸려 있는 2개의 고리 사이로 다시 한 번에 빼냅니다.

06 두길 긴뜨기를 떴습니다.

한길 긴뜨기 앞걸어 뜨기 (플리츠백 / 내추럴 바스켓백)

01 바늘에 실을 감아, 편물 앞에서 아랫단 코의 다리에 화살표 방향으로 바늘을 통과합니다.

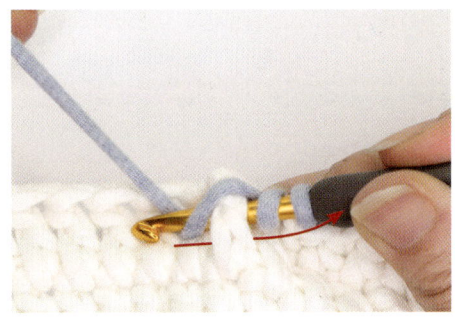

02 바늘에 실을 감아 바늘을 다시 빼냅니다.

03 바늘에 실을 감아 바늘에 걸려 있는 3개의 고리 중 왼쪽과 가운데 고리 사이로 다시 빼냅니다.

04 바늘에 실을 감아 바늘에 걸려 있는 2개의 고리 사이로 다시 한 번에 빼냅니다.

05 한길 긴뜨기 앞걸어 뜨기를 떴습니다.

한길 긴뜨기 뒤걸어 뜨기 (플리츠백)

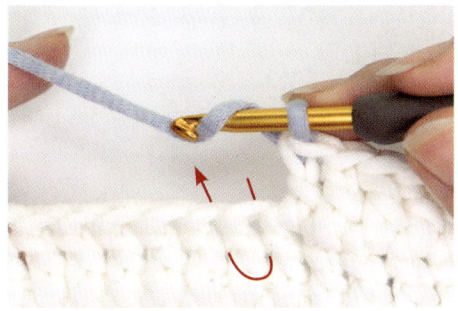 

01 바늘에 실을 감아 편물의 뒤에서 아래 단 코의 다리에 화살표 방향으로 바늘을 통과 합니다.

02 바늘에 실을 감아 바늘을 다시 빼냅니다.

03 바늘에 실을 감아 바늘에 걸려 있는 3개의 고리 중 왼쪽과 가운데 고리 사이로 다시 빼냅니다.

04 바늘에 실을 감아 바늘에 걸려 있는 2개의 고리 사이로 다시 한 번에 빼냅니다.

05 한길 긴뜨기 뒤걸어 뜨기를 떴습니다.

아래 아래 단에 짧은뜨기 (가을가을 파우치)

01 아래 단이 아닌, 아래 아래 단의 코머리에 앞에서 뒤로 바늘을 통과합니다.

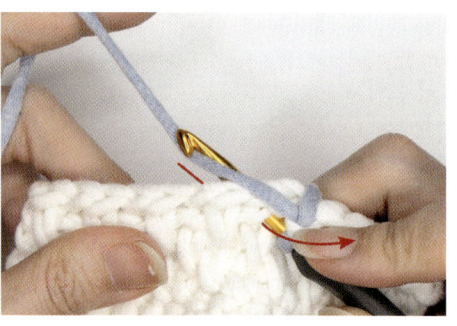

02 바늘에 실을 감아 바늘을 앞으로 빼냅니다.

03 바늘에 실을 감아 바늘에 걸려 있는 2개의 고리 사이로 다시 한 번에 빼냅니다.

04 아래 아래 단에 짧은뜨기를 떴습니다.

아래 아래 단에 이랑뜨기

01 아래 단이 아닌, 아래 아래 단의 코머리의 뒤 반
코에 앞에서 뒤로 바늘을 통과합니다.

02 바늘에 실을 감아 바늘을 앞으로 빼냅니다.

03 바늘에 실을 감아 바늘에 걸려 있는 2개의 실고
리 사이로 다시 한 번에 빼냅니다.

04 아래 아래 단에 이랑뜨기를 떴습니다.

2코 모아 겹짧은뜨기 (가을가을 파우치)

$$\wedge = \mathbb{A}$$

01 아래단의 코머리가 아닌 단 부분 •에 앞에서 뒤로 바늘을 통과합니다.

02 바늘에 실을 걸어 다시 앞으로 빼냅니다.

03 단 부분 •에 앞에서 뒤로 바늘을 통과한 뒤, 바늘에 실을 감아 다시 앞으로 빼냅니다.

04 바늘에 실을 감아, 바늘에 걸려 있는 3개의 고리 사이로 한 번에 빼냅니다.

05 2코 모아 겹짧은뜨기를 떴습니다.

니트 스티치 (라탄 토트백 / 니트백)

짧은뜨기와 뜨는 방법은 같으나 바늘을 코머리가 아닌 짧은뜨기 다리에 통과시키면 대바늘의 겉뜨기 코와 비슷한 V 모양의 코를 뜰 수 있습니다. 이렇게 뜨는 짧은뜨기를 니트 스티치라고 부릅니다. 니트 스티치는 왕복뜨기 보다는 원통뜨기로 뜰 때 주로 사용하는 기법입니다.

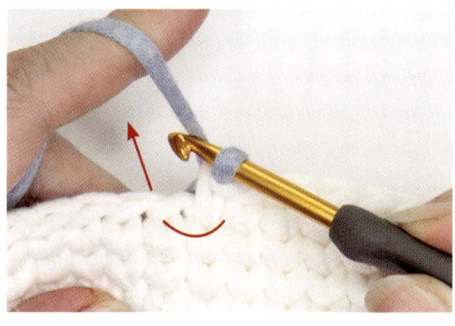

01 아랫단 짧은뜨기의 다리에 바늘을 앞에서 뒤로 통과합니다.

02 바늘에 실을 감고 뒤에서 앞으로 뺍니다.

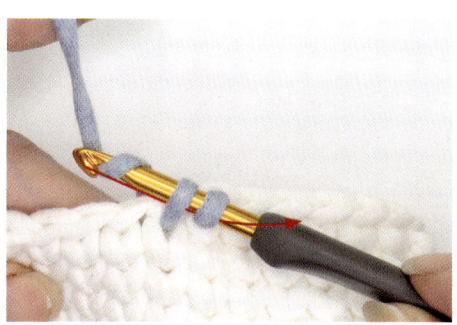

03 바늘에 다시 실을 감고, 바늘에 걸려 있는 고리 2개 사이로 한 번에 뺍니다.

04 니트 스티치를 떴습니다.

가방 바닥 돗바늘로 막기 (플리츠백)

가방 바닥을 막으면서 뜨지 않고 원통뜨기로 가방 본체를 뜬 뒤에 돗바늘로 가방 바닥을 막는 방법을 선택할 수도 있습니다. 사슬뜨기로 시작해 가방 바닥을 막으면서 뜨는 것보다 손을 움직일 공간이 좀 더 여유롭습니다.

변형 이랑뜨기 (오리가미 레더백)

아래 아래 단 짧은뜨기 코머리의 반 코에만 짧은뜨기 하는 방법으로 무늬를 만듭니다.

01 아래 단이 아닌, 아래 아래 단의 코머리의 위쪽에 보이는 반 코에 앞에서 뒤로 바늘을 통과합니다.

02 바늘에 실을 감아, 바늘을 앞으로 빼냅니다.

03 아래 아래 단에 이랑뜨기를 떴습니다(변형 이랑뜨기).

04 도안대로 반복합니다.

가방 옆면 빼뜨기로 연결하기 (그래니 미니백 / 아코디언 크로스)

가방 앞, 뒷면인 그래니스퀘어와 가방 옆면을 연결할 때 빼뜨기를 사용합니다. 가방의 모서리에 각을 세우고 싶을 때 사용하는 방법으로 그래니스퀘어와 스트랩의 안을 마주 보게 잡고 코머리의 안쪽 반 코씩에만 바늘을 통과해 빼뜨기 합니다.

01 가방 옆면을 이어줄 위치를 확인해, 바늘을 가방 앞면의 코머리 사슬 반 코와 스트랩의 코머리 사슬 반 코에만 통과합니다.

02 바늘에 실을 감아, 앞으로 빼냅니다.

03 바늘을 화살표를 따라 가방 앞면의 코머리의 사슬 반 코와 스트랩의 코머리 사슬 반 코에만 통과해 빼뜨기 합니다.

04 같은 방법으로 계속 빼뜨기 해, 가방 앞면과 스트랩(옆면)을 연결합니다.

모티브 빼뜨기로 연결하기 (모티브백)

모티브를 연결하는 방법은 여러 가지가 있습니다. 이 책에서 모티브 가방을 만들 때는 모티브를 겉끼리 마주 보게 한 뒤 편물 뒤쪽에서 빼뜨기로 연결합니다. 그래니스퀘어 모티브의 코머리의 바깥쪽 반 코에만 바늘을 통과해 빼뜨기 합니다.

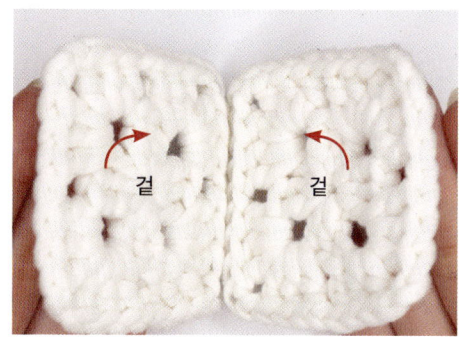

01 모티브의 겉면이 마주 보게 포갭니다.

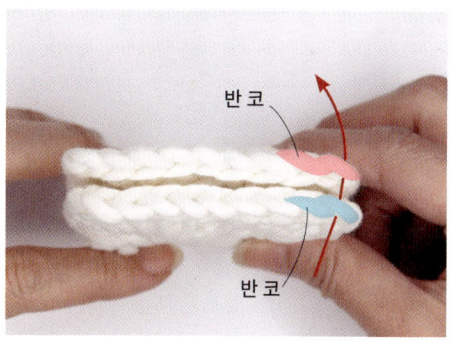

02 바늘을 2장의 모티브 바깥쪽 반 코에만 통과합니다.

03 바늘에 실을 감아 앞으로 빼냅니다.

04 실을 감아 바늘을 앞으로 빼낸 뒤, 02와 같이 다음 코의 바깥쪽 반 코에만 바늘을 통과합니다.

05 빼뜨기로 모티브 2장을 연결했습니다.

06 같은 방법으로 빼뜨기 해서 모티브를 연결합니다.

가방 바닥에서 각 세워 올리기 (펀칭백 / 내추럴 바스켓백 응용)

가방 바닥을 뜬 뒤, 가방 옆면을 올릴 때 바닥의 마지막 단 코머리의 바깥쪽 사슬 반 코와 코의 뒷산에 바늘을 통과해 옆면을 떠올리면 각이 만들어집니다.

코산

코머리의 바깥쪽 반 코

01 가방 바닥의 마지막 단 코머리의 바깥쪽 반 코와 뒷산에 바늘을 통과합니다.

02 이 2가닥에 실을 걸어 뜨면서 가방 옆면의 첫 단을 만들어줍니다.

코머리의 안쪽 반 코

03 뜨지 않은 안쪽 반 코 부분을 경계로 가방 옆면의 각이 만들어집니다.

슬라이딩 낫 (스피디 네트백)

긴 어깨 끈이 2줄인 가방의 경우 어깨에 놓이는 부분은 줄이 따로 놀지 않도록 하나로 잡아주면 사용하기에 편합니다. 슬라이딩 낫 매듭을 이용하면 장식 효과도 함께 기대할 수 있습니다.

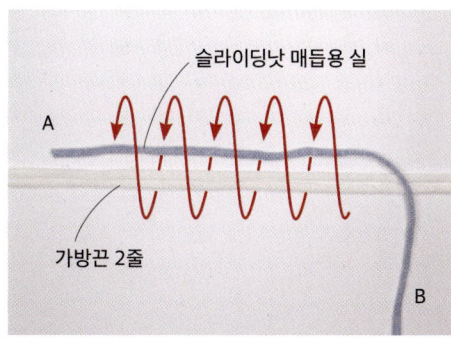

01 슬라이딩 낫 매듭용 실을 가방 끈 2줄과 사진처럼 나란히 두고, **B**꼬리실로 가방 끈과 매듭용 실을 화살표 방향으로 함께 감습니다.

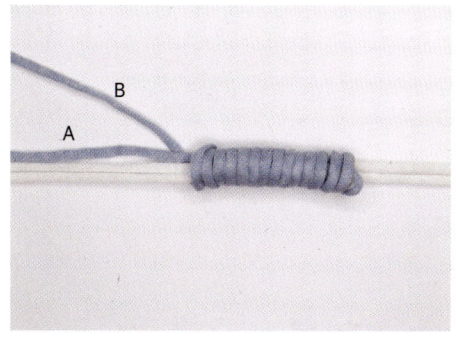

02 실은 여러 번 감아주며 차곡차곡 모양이 만들어지도록 감습니다.

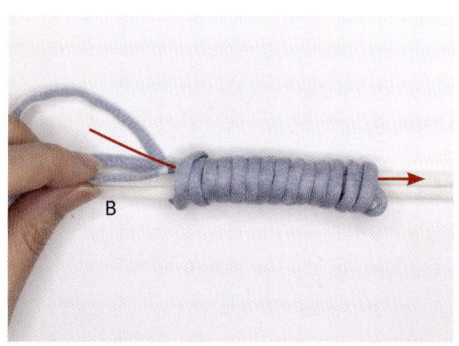

03 B 꼬리실을 위에서 감은 실 사이로 통과해 오른쪽으로 나오게 합니다.

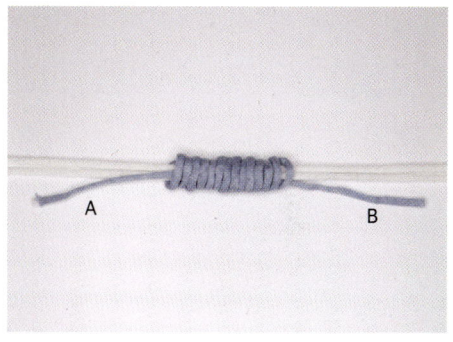

04 가운데 감은 실의 모양을 잘 잡으면서, **A**와 **B** 꼬리실을 잡아당긴 뒤 꼬리실을 잘라 정리합니다.

평매듭 (메르시백)

장식용 태슬을 만들 때 사용할 수 있는 기본 매듭 기법입니다.

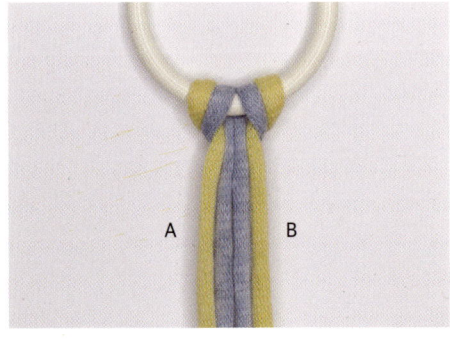

01 매듭용 실 2줄을 반 접어, O링에 걸고 시작합니다.

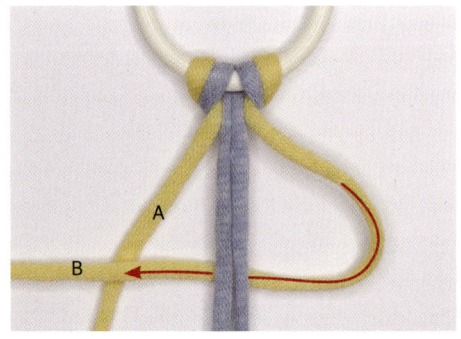

02 오른쪽의 B실을 가운데 실 아래 A 위로 이동합니다.

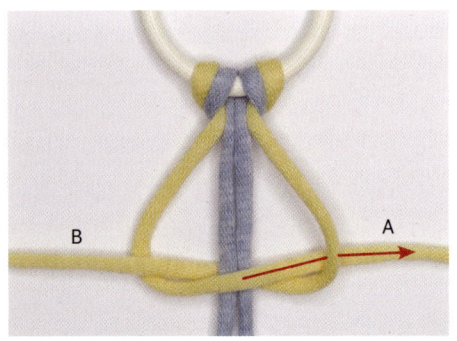

03 왼쪽의 A실을 가운데 실 위 B실이 만든 고리 안으로 뺍니다.

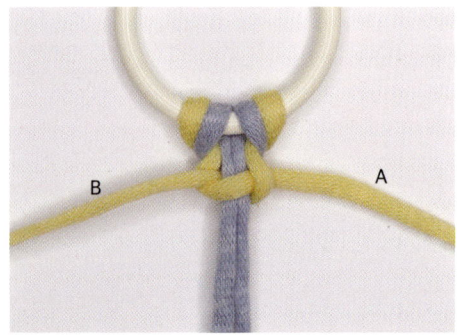

04 양쪽 실을 당겨 매듭을 조여 모양을 만듭니다.

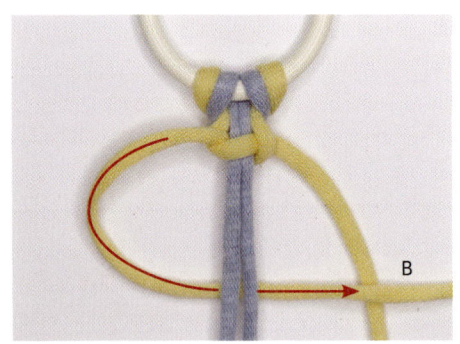

05 왼쪽의 B실을 가운데 실 아래 A 위로 이동합니다.

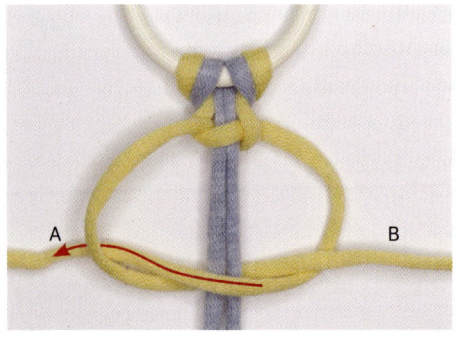

06 오른쪽의 A 실을 가운데 실 위 B 위로 이동한 뒤 양쪽 실을 당겨 매듭을 조입니다. 02-05를 원하는 길이만큼 반복한 뒤, 실 꼬리를 잘라 정리합니다.

실 바꾸기 1

편물을 뜨다가 실을 교체해야 할 경우 아래와 같은 방법을 사용할 수 있습니다.

01 교체 실로 뜨기 전 미완성 코 상태에서 바늘에 교체 실을 걸어 빼냅니다.

02 교체 실이 연결되었습니다.

03 교체 실로 뜹니다.

실 바꾸기 2 (크리스마스 파우치)

배색을 하며 뜨개 할 때 배색코를 뜨기 전 코의 미완성 짧은뜨기 상태에서 배색실을 바늘에 걸어 빼낸 뒤 바탕실을 감싸며 짧은뜨기 하는 것이 기본입니다. 보통 배색으로 무늬를 만드는 경우 짧은뜨기 보다는 이랑뜨기를 합니다. 이랑뜨기를 사용하면 개인의 손땀에 따라 정도의 차이가 있지만 짧은뜨기로 원통뜨기를 할 때 보다 단마다 코가 한쪽으로 밀리는 현상이 줄게 됩니다.

01 배색 코를 뜨기 전 짧은뜨기 미완성 코 상태에서 바늘에 배색 실을 걸어 빼냅니다.

02 배색 실로 교체되었습니다.

03 바탕 실을 감싸면서 뜹니다.

04 배색 코 1코를 떴습니다. 이때 바탕 실은 배색 실 이랑뜨기 코에 감싸져 있습니다.

05 다시 바탕 실을 떠야 할 때, 01과 같이 미완성 코 상태에서 바탕 실을 바늘로 걸어 빼냅니다.

06 배색 실을 감싸면서 바탕 실로 이랑뜨기 합니다. 실을 교체할 때마다 같은 방법을 사용합니다.

스레드 코드

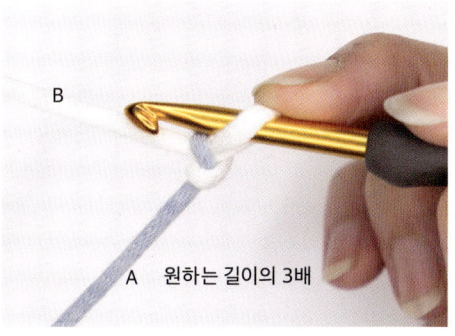

01 필요한 길이의 3배를 남긴 부분에서 사슬코 뜨기 기초코를 뜹니다.

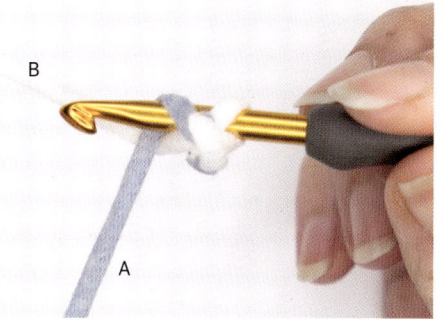

02 A 실을 바늘의 앞에서 뒤로 겁니다.

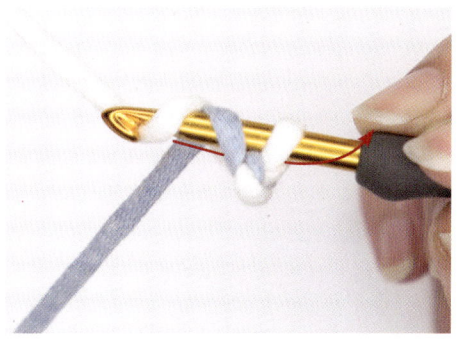

03 B 실을 바늘에 감아 화살표 방향으로 실을 빼냅니다.

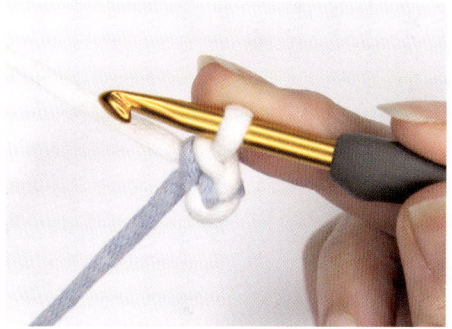

04 02-03을 원하는 길이가 될 때까지 반복하고 실을 정리합니다.

이중 사슬뜨기

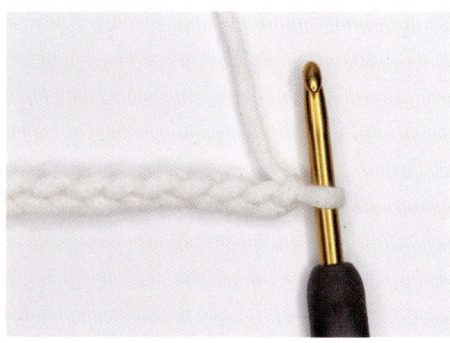

01 필요한 길이만큼 사슬뜨기 합니다. 사슬뜨기 코산에 바늘을 통과해 빼뜨기 합니다.

02 사슬 1코마다 코산에 빼뜨기를 해 필요한 길이의 이중 사슬뜨기 끈을 만듭니다.

part2

사계절
가방 도안

봄
Spring

따뜻한 봄이 오면 가벼워지는 옷차림만큼 가방도 가볍게 들고 싶어요.
산뜻하게 떠서 매일 들고 다녀도 좋은 코바늘 뜨개 가방.
일상에도 피크닉에도 잘 어울려요.

플라워백

봄 느낌 물씬 나는 컬러의 면사를 이용해 만드는 네트백.
자투리 실로 만든 꽃을 사슬뜨기로 연결해 가방에 장식합니다.

스트랩 길이
50c

8.5c

8c

24c

20c

실	애니코튼 3볼, 배색실 약간
바늘	모사용 5/0(3mm)
사이즈	가로 20c, 높이 24c

🧶 만드는 방법

1 바닥은 기초코 사슬 29코로 시작해 도안을 따라 뜹니다.

2 옆면 1단을 뜬 뒤, 한길 긴뜨기 2코를 아래 사슬에 걸어 뜨는 방법으로 23단까지 뜨고, 짧은뜨기로 5단 뜹니다.

3 포켓은 도안대로 작업한 뒤, 돗바늘을 이용해 가방 본체에 연결합니다.

4 어깨 끈은 스레드 코드를 떠 지정한 위치에 끼워서 가방 안쪽에서 묶습니다.

5 꽃은 도안대로 작업한 뒤, 사슬뜨기로 연결해 가방 끈에 걸어 장식합니다.

○	사슬뜨기
●	빼뜨기
✕	짧은뜨기
┼	한길 긴뜨기
⚡	실 잇기
⚡	실 끊기

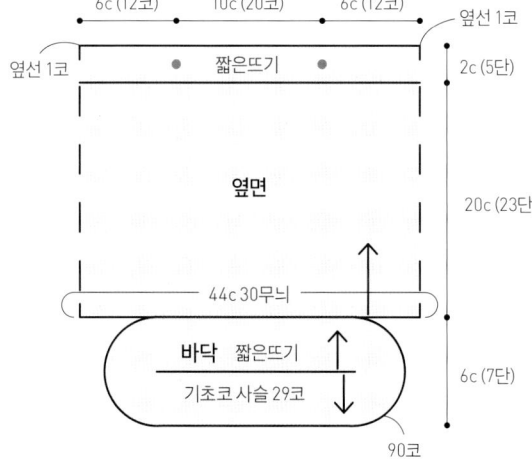

짧은뜨기로 바닥을 뜹니다.

짧은뜨기로 바닥을 뜹니다.

가방 옆면은 한길 긴뜨기로 올리고, 가방 입구 부분은 짧은뜨기로 마무리합니다.

포켓을 떠서 붙입니다.

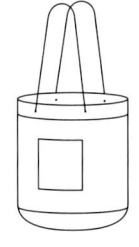

스레드 코드를 떠, 가방 입구 부분 앞뒤에 연결합니다.

가방 본체

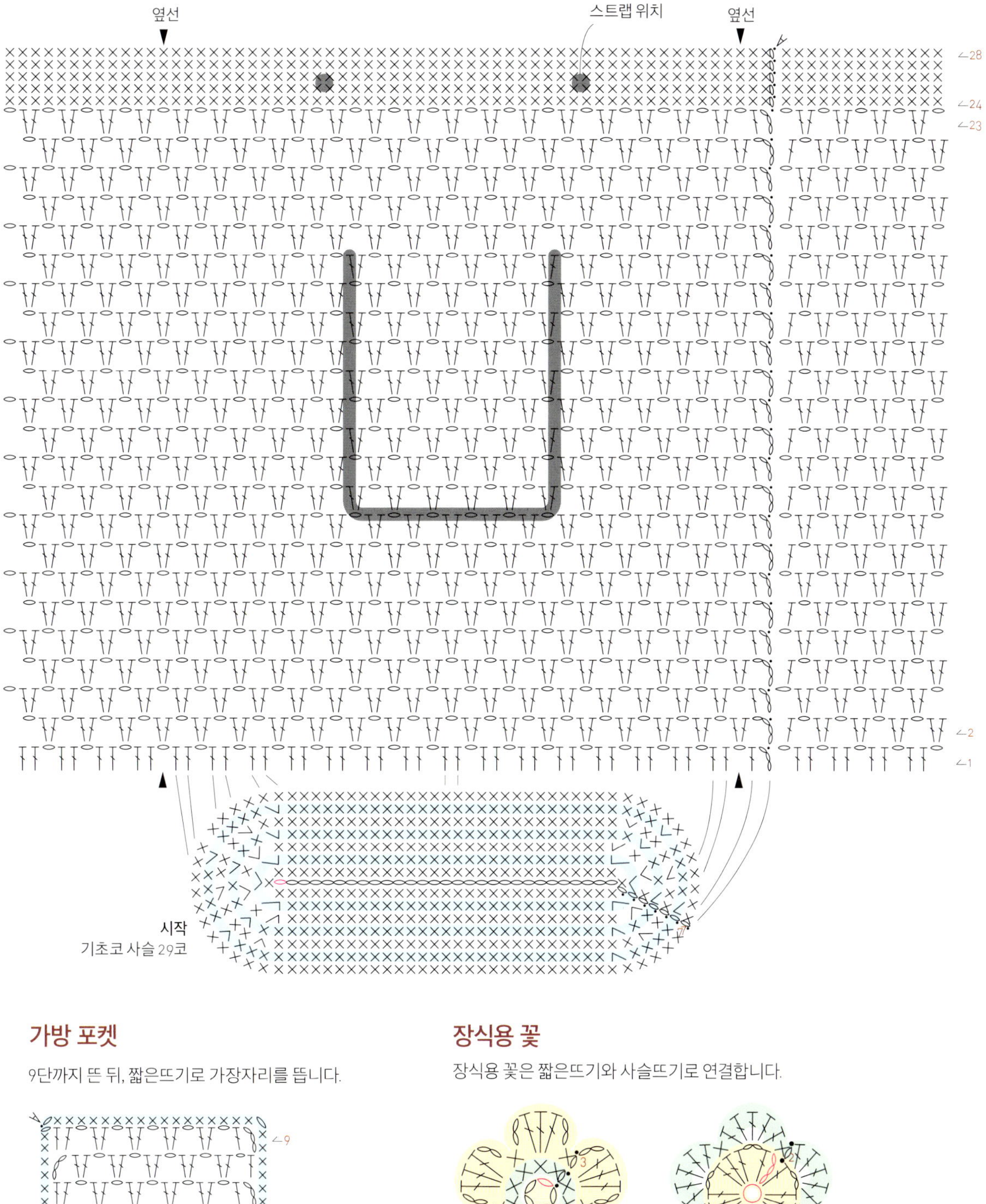

옆선 스트랩 위치 옆선

←28
←24
←23

←2
←1

시작
기초코 사슬 29코

가방 포켓

9단까지 뜬 뒤, 짧은뜨기로 가장자리를 뜹니다.

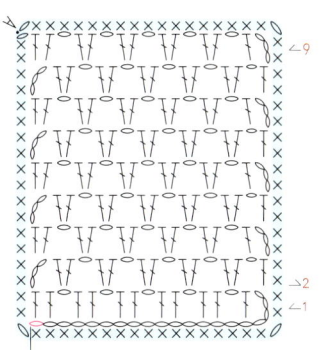

←9

→2
←1

시작
기초코 사슬 17코

장식용 꽃

장식용 꽃은 짧은뜨기와 사슬뜨기로 연결합니다.

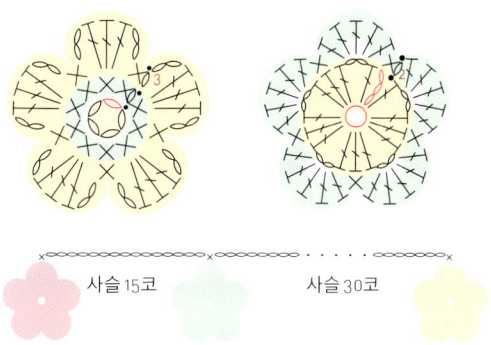

사슬 15코   사슬 30코

49

그래니 토트백

탄탄한 면사를 사용해 그래니 스트라이프 기법으로 만드는 마켓백 스타일의 토트백.
원형뜨기로 시작해 원통뜨기, 그리고 왕복뜨기 기법으로
베이직한 네트백 형태를 만듭니다.

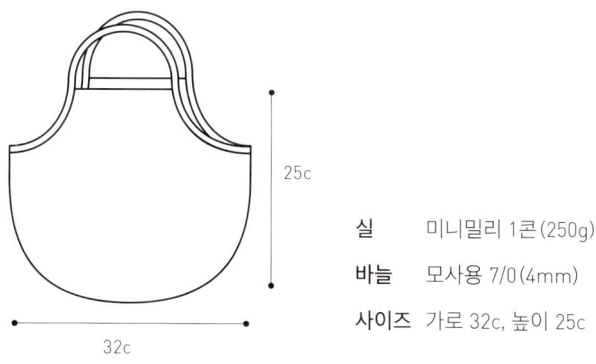

실	미니밀리 1콘(250g)
바늘	모사용 7/0(4mm)
사이즈	가로 32c, 높이 25c

1 바닥은 매직링에 짧은뜨기 8코로 시작합니다. 2단부터는 긴뜨기로 코 늘림에 주의해 6단까지 뜹니다.

2 7단은 한길 긴뜨기 2코 늘려뜨기로 뜨고, 마지막 코는 긴뜨기로 단을 마무리합니다.

3 가방 본체 1단부터 12단까지 코 늘림 없이 도안대로 원통뜨기 합니다. 각 단을 마무리할 때 긴뜨기로 마무리하고, 다음 단 기둥코를 올립니다.

4 13단부터 21단까지 왕복뜨기로 가방 입구를 뜨고, 실을 끊은 뒤 표시된 부분에 실을 이어 같은 방법으로 반대쪽을 뜹니다.

5 입구 부분에 사슬로 손잡이를 만들고, 도안을 참고해 테두리를 뜹니다.

⊸	사슬뜨기
●	빼뜨기
✕	짧은뜨기
⋀	겹짧은뜨기
T	긴뜨기
V	긴뜨기 2코 늘려뜨기
ⵊ	한길 긴뜨기
ⵊⵊ V	한길 긴뜨기 2코 늘려뜨기
ⵊⵊⵊ W	한길 긴뜨기 3코 늘려뜨기
↙	실 잇기
↙	실 끊기

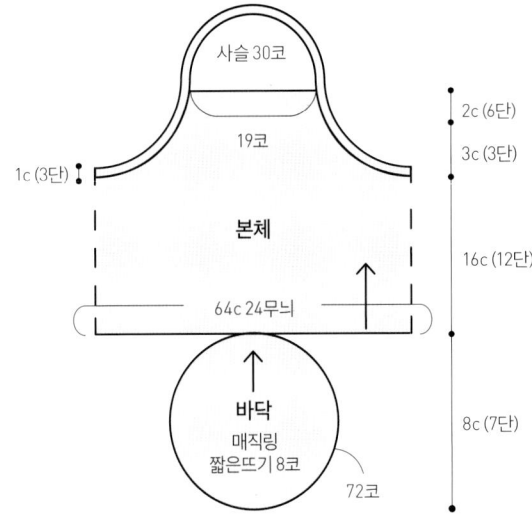

사슬 30코

19코

2c (6단)

3c (3단)

1c (3단)

본체

16c (12단)

64c 24무늬

바닥
매직링
짧은뜨기 8코

72코

8c (7단)

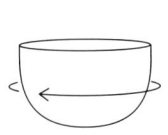

원형뜨기로 바닥을 뜨고 가방 옆면을 뜹니다.

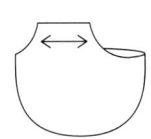

가방 입구 부분 앞쪽을 왕복뜨기로 뜹니다.

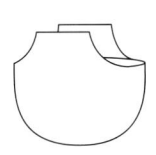

가방 입구 부분 뒤쪽에 새로 실을 이어 앞쪽과 같은 방법으로 뜹니다.

사슬뜨기로 손잡이 부분을 만들고 테두리를 뜹니다.

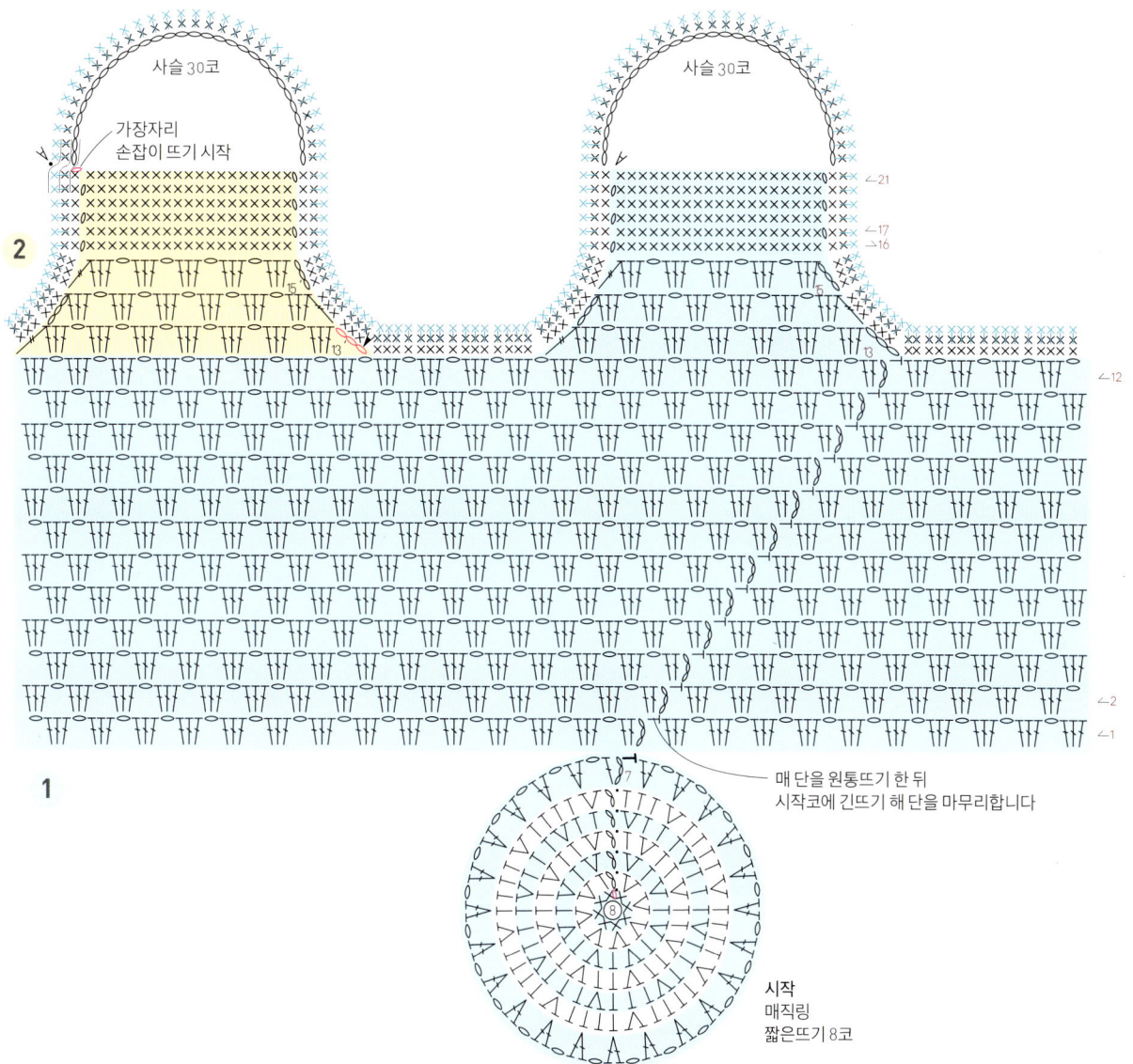

사슬 30코

사슬 30코

가장자리
손잡이 뜨기 시작

←21

←17
←16

2

5

13

5

13

←12

←2
←1

1

7

8

매 단을 원통뜨기 한 뒤
시작코에 긴뜨기 해 단을 마무리합니다

시작
매직링
짧은뜨기 8코

스트라이프백

블랙과 화이트의 경쾌한 스트라이프 배색이 매력적인 가방.
바닥부터 뜨는 방식이 아닌 옆면부터 뜨는, 일명 봉다리 형태의 가방입니다.

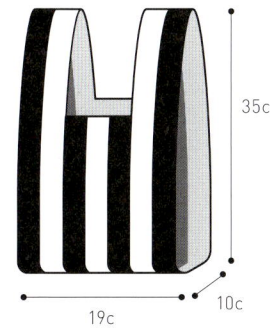

실	올리오 화이트 2볼, 블랙 2볼
바늘	모사용 5/0(3mm)
사이즈	가로 19c, 높이 35c, 폭 10c

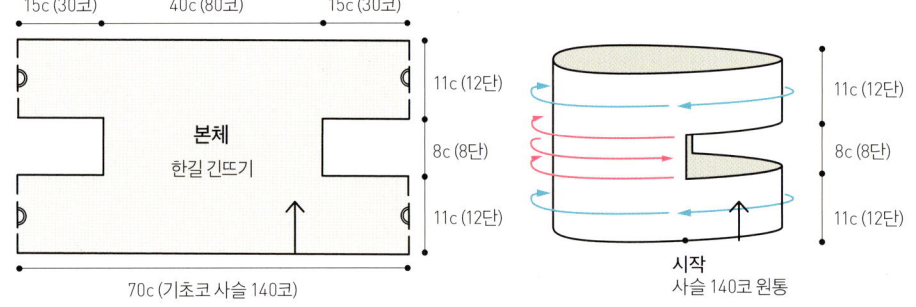

만드는 방법

1 가방은 기초코로 시작한 옆면에서 반대쪽 옆면으로 뜹니다. 기초코 사슬 140코로 시작해, 3단 단위의 배색에 주의해 가방 본체를 뜹니다.

2 1단~12단은 원통뜨기, 가운데 13단~21단은 왕복뜨기로 평면뜨기, 22~33단은 다시 원통뜨기 합니다.

3 손잡이 부분을 제외한 양쪽의 옆면을 가방 안쪽에서 짧은뜨기로 막습니다.

4 옆면 양쪽을 겉에서 안쪽으로 접어 넣습니다. 손잡이 부분이 두 겹이 됩니다.

5 바닥이 겹쳐진 부분을 가방 바닥 안쪽에서 한 땀 꿰맵니다.

⚬	사슬뜨기
●	빼뜨기
⊤	한길 긴뜨기
↗	실 잇기
↗	실 끊기

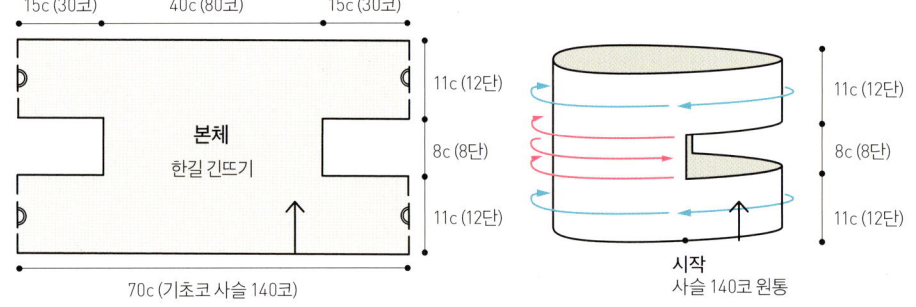

보통 가방 본체는 바닥부터 가방 입구 방향으로 올라가며 뜨지만 스트라이프 백은 가방 옆면에서 반대쪽 옆면으로 뜬 뒤에 양쪽 끝을 막아 가방 형태를 만듭니다. 옆이 뚫린 상태로 가방 본체를 뜬 뒤 손잡이를 제외한 양옆을 막고 가방 양쪽을 접어 넣은 다음 바닥과 한 땀씩 꿰매어 고정합니다.

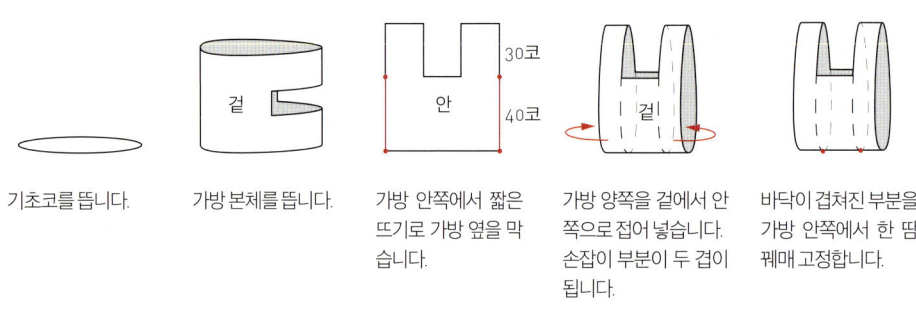

기초코를 뜹니다.

가방 본체를 뜹니다.

가방 안쪽에서 짧은뜨기로 가방 옆을 막습니다.

가방 양쪽을 겉에서 안쪽으로 접어 넣습니다. 손잡이 부분이 두 겹이 됩니다.

바닥이 겹쳐진 부분을 가방 안쪽에서 한 땀 꿰매 고정합니다.

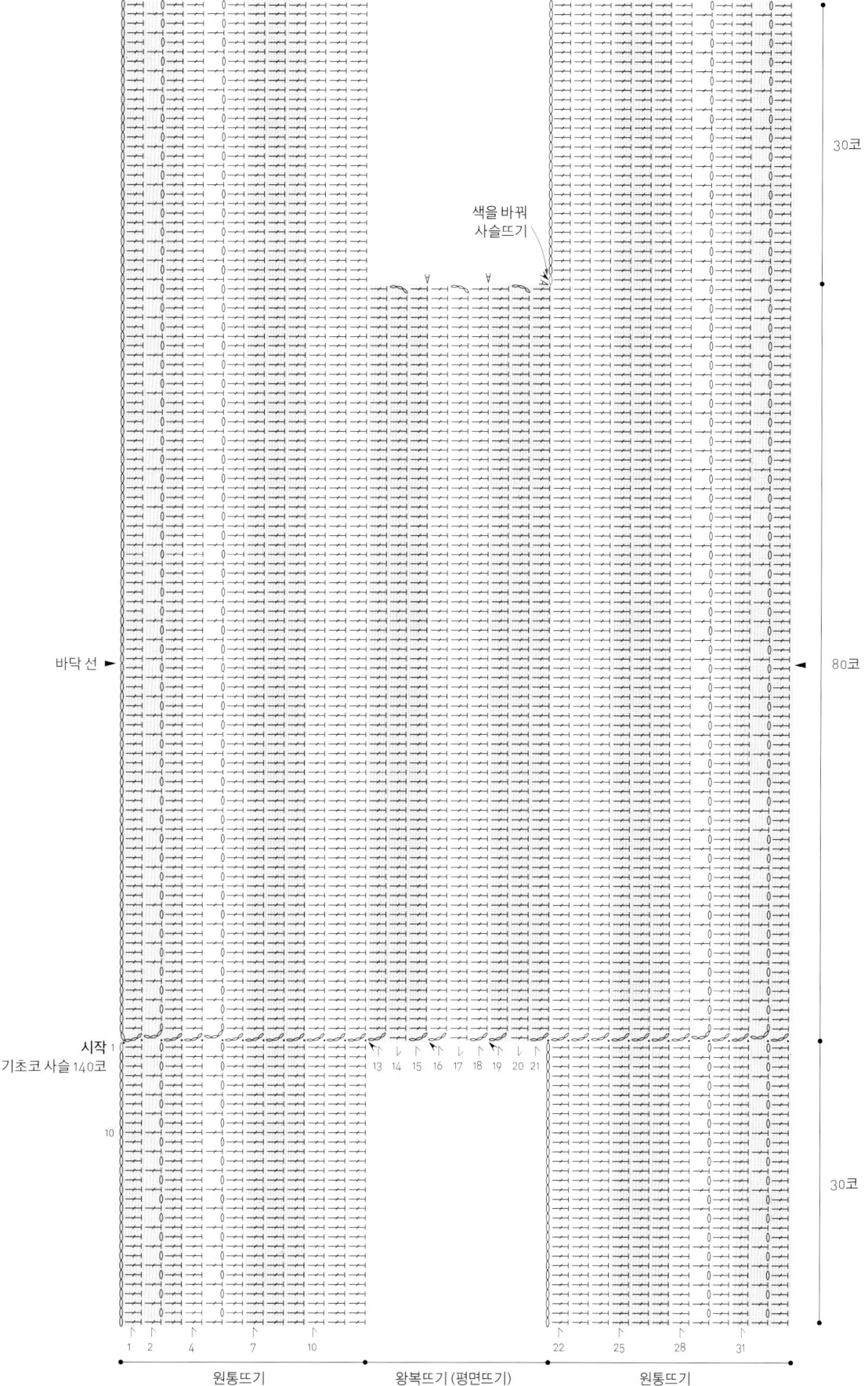

색을 바꿔
사슬뜨기

30코

바닥 선 ▶

◀ 80코

시작 1
기초코 사슬 140코

13 14 15 16 17 18 19 20 21

10

30코

1 2 4 7 10

22 25 28 31

원통뜨기

왕복뜨기 (평면뜨기)

원통뜨기

그래니 미니백

오랜 시간 사랑받고 재해석되고 있는 그래니스퀘어 기본 모티브로 만드는 경쾌한 미니백.
모티브 2장에 원통 모양의 스트랩을 떠서 연결합니다.

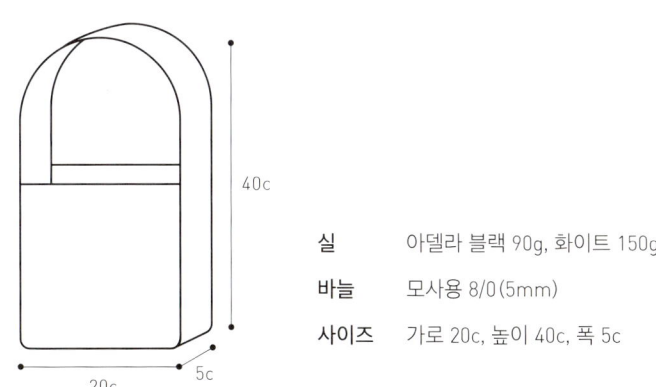

실	아델라 블랙 90g, 화이트 150g
바늘	모사용 8/0(5mm)
사이즈	가로 20c, 높이 40c, 폭 5c

🧶 만드는 방법

1 도안에 따라 그래니스퀘어를 2장 작업합니다.

2 스트랩은 기초코 사슬 150코에 원통뜨기로 5단 뜹니다.

3 그래니스퀘어와 원통형 스트랩을 빼뜨기로 3면 연결하고 입구 부분은
이랑 빼뜨기 합니다. 반대쪽도 동일하게 작업합니다.

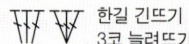

⌒	사슬뜨기
●	빼뜨기
•—	이랑 빼뜨기
✕	짧은뜨기
┼	한길 긴뜨기
₩	한길 긴뜨기 3코 늘려뜨기
↙	실 잇기
↘	실 끊기

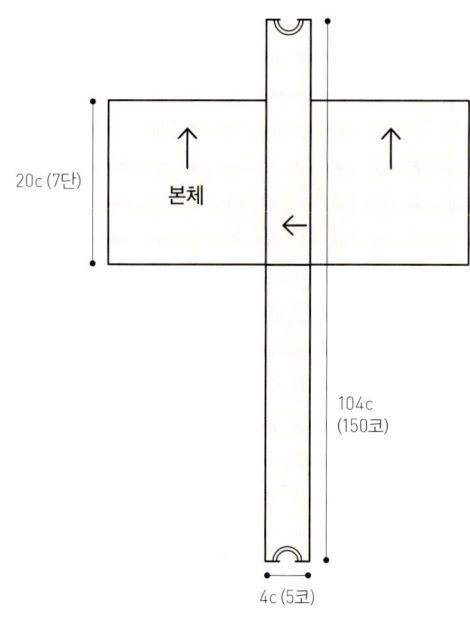

20c (7단)

본체

104c
(150코)

4c (5코)

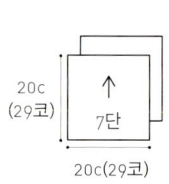
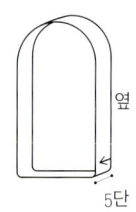
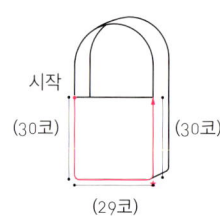
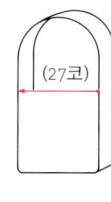
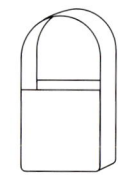

20c
(29코)
7단
20c(29코)

옆
5단

시작
(30코)
(30코)
(29코)

(27코)

가방 앞뒤 면이 될 그
래니 스퀘어를 2장 뜹
니다.

스트랩은 기초코 사슬
150코로 시작해 원통뜨
기로 5단 뜹니다.
1단은 기초코 사슬의 코
산에 짧은뜨기 합니다.

그래니스퀘어의 3면과
스트랩을 빼뜨기 89코
로 연결합니다.

가방 입구 부분
을 이랑 빼뜨기
합니다.

반대쪽도 같은 방법
으로 연결합니다.

가방 본체 2장

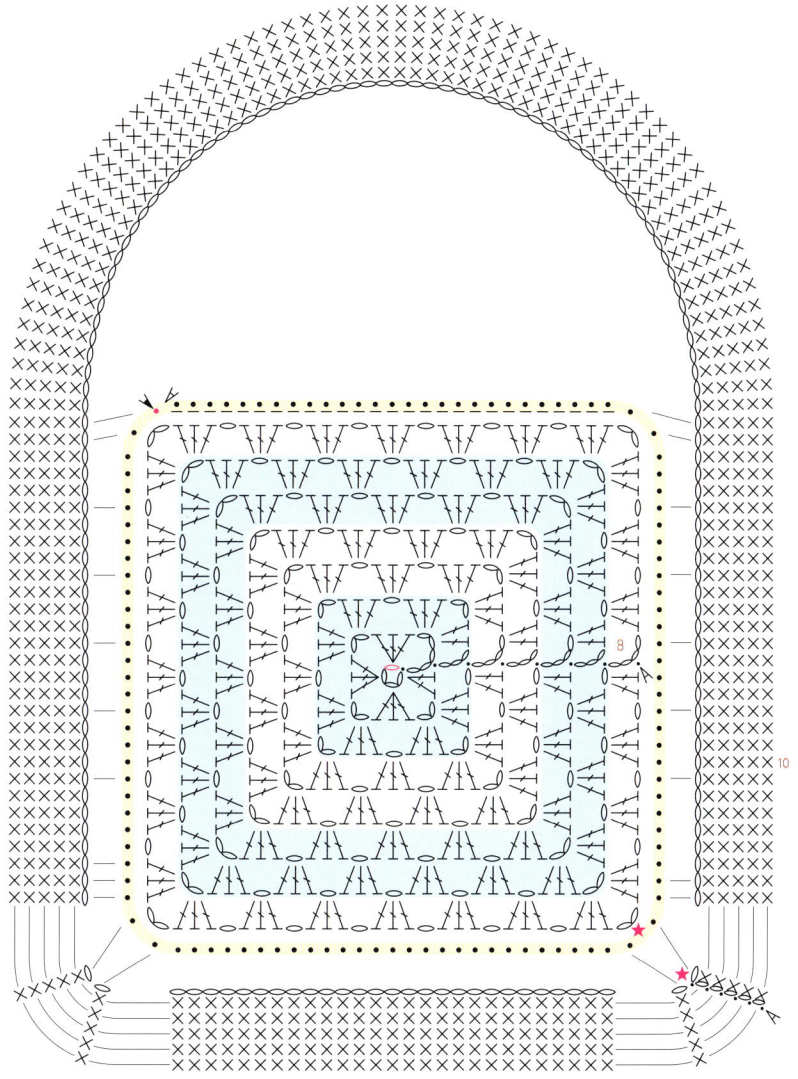

8

10

아래 도안을 참고해 뜬 스트랩과 그래니모티브의 3면을
빼뜨기로 연결합니다.
그래니 모티브의을 남은 1면(가방 입구)은 이랑 빼뜨기
합니다.

가방 옆면 + 스트랩 1장

←5

←2
←1

140   150 1   10

시작
기초코 사슬 150코

메르시백

쉽게 만들어 가볍게 들고나갈 수 있는 메르시백.
로프 느낌의 굵은 실을 이용해 만드는 네트백 스타일로
스트랩은 원하는 길이로 만들어보세요.

실   제밀리 200g (1콘 500g)

바늘   점보 코바늘 10mm

사이즈   바닥 지름 15c, 높이 18c

1 바닥은 매직링에 한길 긴뜨기 14코로 시작한 뒤, 2단까지 뜹니다.

2 옆면을 6단까지 뜹니다.

3 사슬 21코의 짧은 스트랩과, 사슬 50코의 긴 스트랩 중 원하는 길이로 사슬뜨기 해서 가방 입구에 연결합니다.

4 O 링에 미리 잘라 놓은 1m 실 2가닥을 걸어, 마크라메 평매듭(스퀘어매듭, 38쪽 참고) 방법으로 태슬을 만들어 가방에 장식합니다.

◠	사슬뜨기
●	빼뜨기
✕	짧은뜨기
∨=⩗	짧은뜨기 2코 늘려뜨기
┼	한길 긴뜨기
⤚	실 잇기
⤜	실 끊기

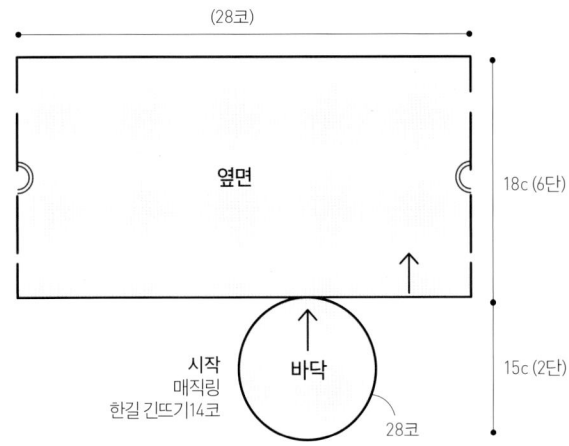

(28코)

옆면

18c (6단)

15c (2단)

시작
매직링
한길 긴뜨기 14코

바닥

28코

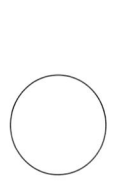

바닥을 뜹니다.

가방 옆면을 뜹니다.

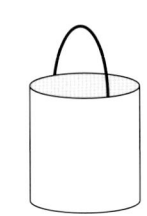

원하는 길이의 핸들을
연결해 뜹니다.

가방 본체

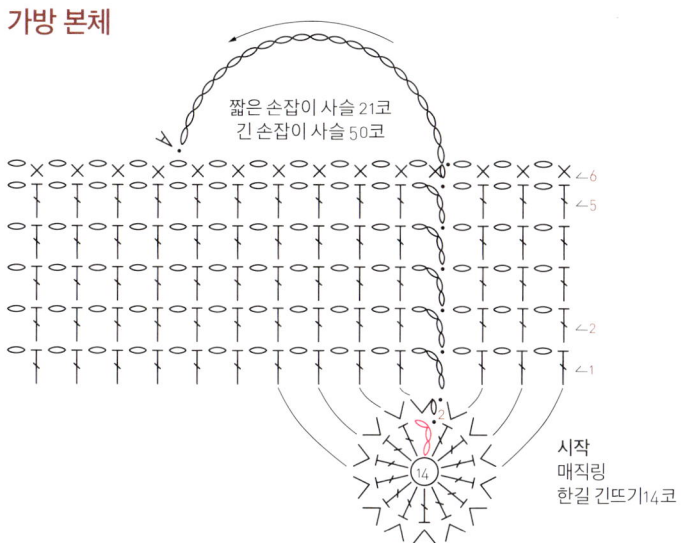

짧은 손잡이 사슬 21코
긴 손잡이 사슬 50코

시작
매직링
한길 긴뜨기14코

장식 매듭

태슬은 평매듭 기법을 이용해 원하는 길이로 만들어 가방에 장식합니다.

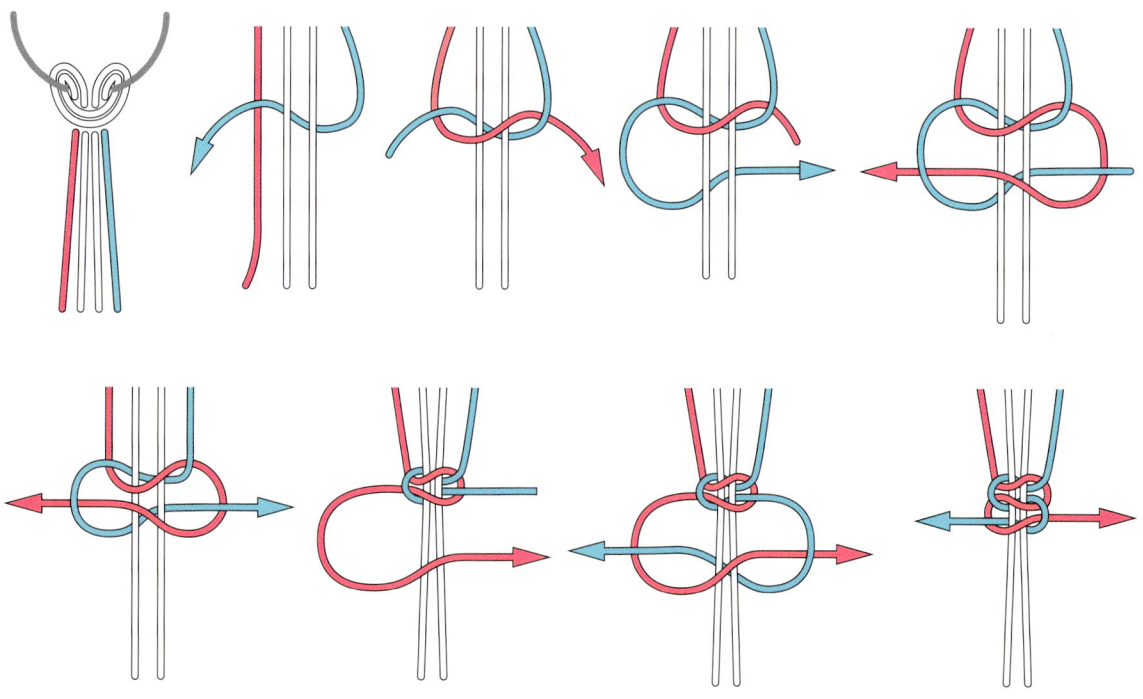

모티브백

정사각형의 모티브 14장을 연결해 만드는 호보백 느낌의 숄더백.
모티브 가방은 모티브의 수와 연결하는 방법에 따라 다양한 형태로 만들 수 있습니다.

실	올리오 3볼
바늘	모사용 5/0 (3mm)
사이즈	가로 29c, 높이 45c

🌀 만드는 방법

1 도안에 따라 모티브를 14장 뜹니다. 모티브는 블로킹해 모양과 사이즈를 정리합니다.

2 모티브 14장은 아래 그림을 참고해 연결합니다(35쪽 참고).

3 사슬뜨기로 스트랩 기초코를 뜹니다.

4 가방 입구와 스트랩 부분을 짧은뜨기 합니다.

◯	사슬뜨기
●	빼뜨기
✕	짧은뜨기
⊤	한길 긴뜨기
Ⅵ Ⅴ	한길 긴뜨기 2코 늘려뜨기
Ⅶ Ⅴ	한길 긴뜨기 3코 늘려뜨기
↙	실 잇기
↙	실 끊기

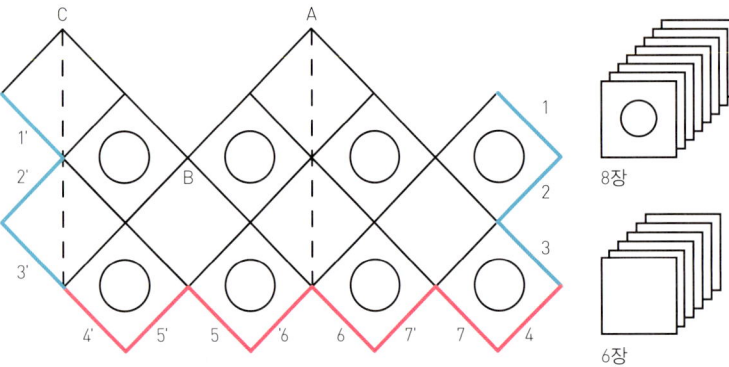

모티브는 평면으로 연결한 뒤, 옆과 바닥은 숫자를 참고해 이어줍니다.

8장

6장

모티브 사이즈 10c ×10c

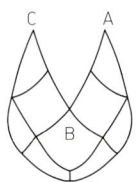

모티브를 연결합니다.

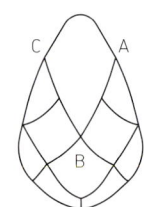

A와 C 사이에 사슬 50 코를 떠서 스트랩 기초 코를 만듭니다.

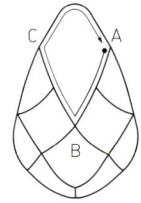

A에서 짧은뜨기로 가장자리를 떠줍니다.
A-B-C-A-B-C-A-B-C 로 떠서 스트랩 부분은 2단, 가방 입구 부분은 3단으로 뜹니다.

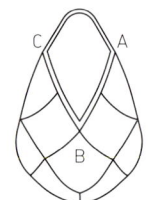

반대쪽도 같은 방법으로 떠, 스트랩 부분은 가운데 사슬코를 중심으로 양쪽에 2단씩 4단이 됩니다.

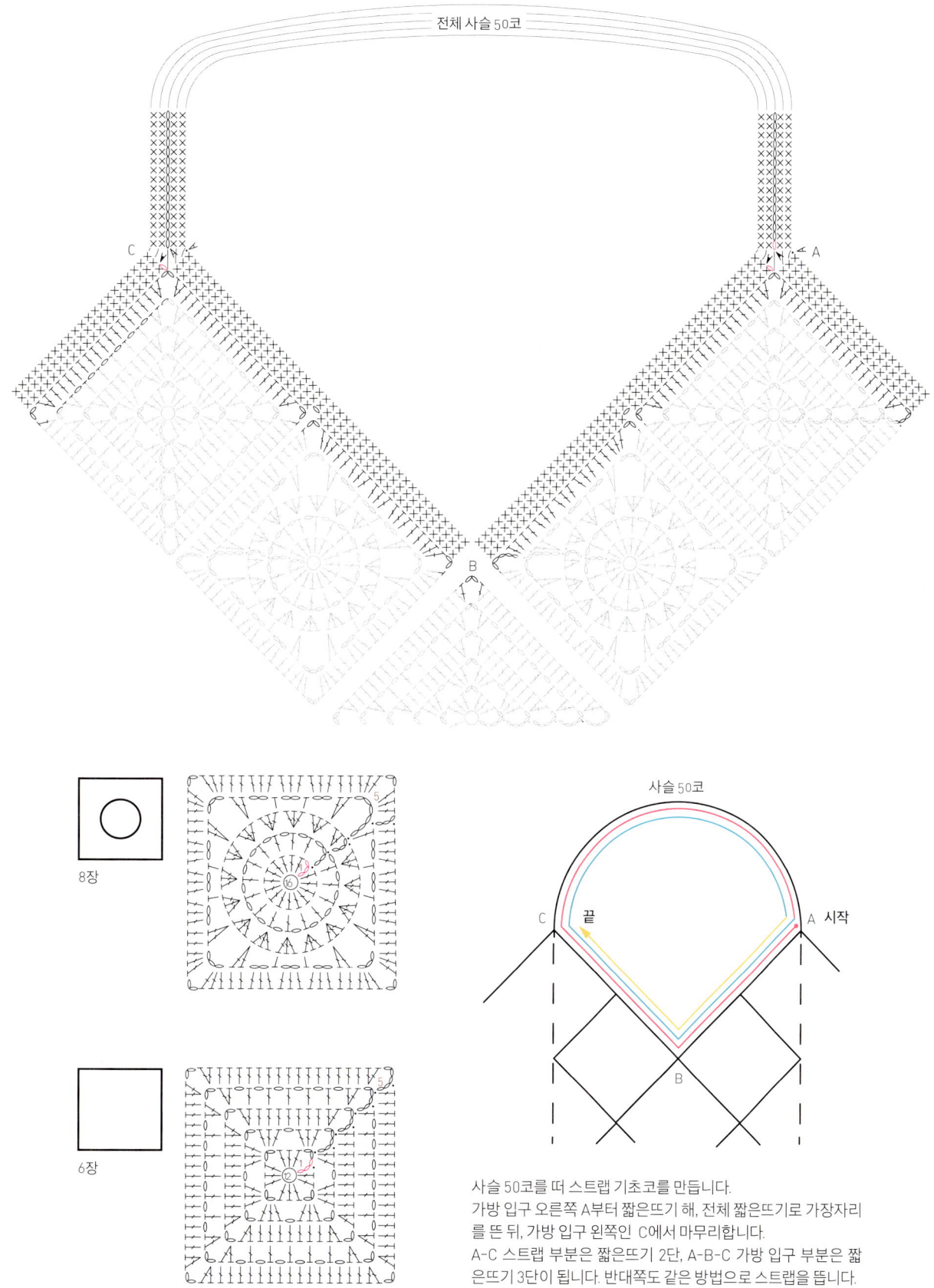

전체 사슬 50코

8장

6장

사슬 50코

C 끝   A 시작

B

사슬 50코를 떠 스트랩 기초코를 만듭니다.
가방 입구 오른쪽 A부터 짧은뜨기 해, 전체 짧은뜨기로 가장자리
를 뜬 뒤, 가방 입구 왼쪽인 C에서 마무리합니다.
A-C 스트랩 부분은 짧은뜨기 2단, A-B-C 가방 입구 부분은 짧
은뜨기 3단이 됩니다. 반대쪽도 같은 방법으로 스트랩을 뜹니다.

여름

Summer

덥고 불쾌지수가 높은 여름에는 역시 네트백이 최고지요.
보는 것만으로 시원해지는 네트백을 들고 어디든 놀러가고 싶어요.
빠르게 뜰 수 있어 더 실용적이랍니다.

패브릭 네트백

패브릭 얀으로 떠서 탄탄한 형태를 가진 작은 사이즈의 네트백.
가방의 바닥 가운데에서 시작해 단을 올리며 커지는
독특한 진행 방식의 가방을 만들어보세요.

실	르네상스 90g (500g/1콘)
바늘	모사용 10/0 (6mm)
사이즈	가로 18c, 높이 19c

만드는 방법

1 가운데 사슬 부분부터 시작해, 진행 방법에 주의해 3단까지 뜹니다.

2 4단은 반을 뜨고, 가방을 반 접어 앞면과 뒷면을 빼뜨기로 연결하면
서 뜹니다.

⊸ 사슬뜨기

● 빼뜨기

⫯ 두길 긴뜨기

⤳ 실 끊기

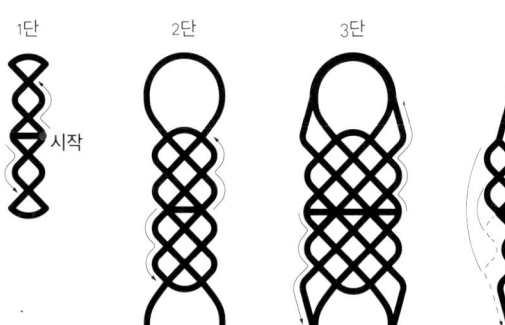

1단   2단   3단   4단

시작

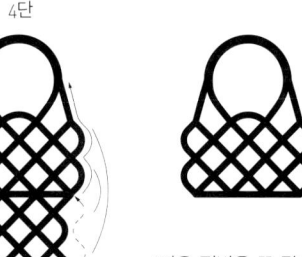

4단은 절반을 뜬 뒤 가방
을 반 접어 연결하면서 떠
가방 형태를 만듭니다.

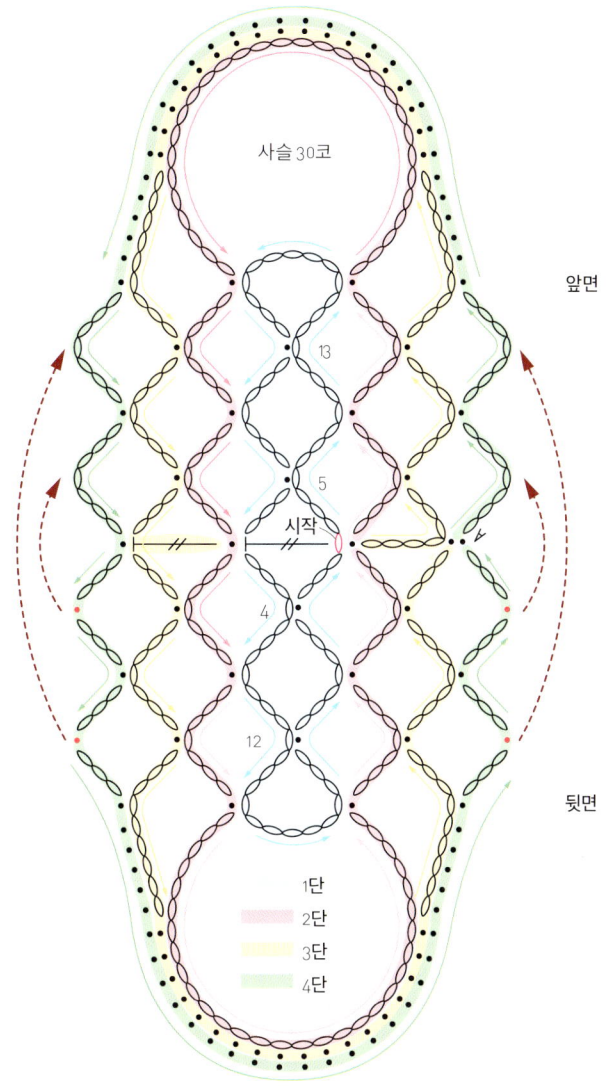

사슬 30코

앞면

13

5

시작

4

12

뒷면

1단
2단
3단
4단

1단

사슬 5번째, 13번째 코에 단수링으로 표시한 뒤,
13코를 뜨고 단수링 표시한 13번 코에 빼뜨기,
7코 뜬 뒤 단수링 표시한 5번코에 빼뜨기.
사슬 3코 후 시작 사슬1번 코에 두길긴뜨기

사슬 4번째, 12번째 코에 단수링으로 표시한 뒤,
사슬 13코 후 단수링 표시한 12번 코에 빼뜨기,
사슬 7코 후 단수링 표시한 4번코에 빼뜨기,
사슬 3코 후 1번째 사슬에 빼뜨기

2단

(사슬 7코 + 빼뜨기) x 2, 사슬 30코 + 빼뜨기,
(사슬 7코 + 빼뜨기) x 2,

(사슬 7코 + 빼뜨기) x 2, 사슬 30코 + 빼뜨기,
(사슬 7코 + 빼뜨기) x 2

3단

(사슬 7코 + 빼뜨기) x 2, 사슬 9코, 빼뜨기 18코,
사슬 9코 + 빼뜨기, 사슬 7 + 빼뜨기, 사슬 3, 두길 긴뜨기

사슬 3 + 빼뜨기, 사슬 7 + 빼뜨기, 사슬 9, 빼뜨기 18,
사슬 9 + 빼뜨기, 사슬 7 + 빼뜨기, 사슬 3, 빼뜨기

4단

사슬 7 + 빼뜨기, 사슬 7, 빼뜨기 30, (사슬 7 + 빼뜨기) x 2

사슬 3 + 빼뜨기, 사슬 3 + 빼뜨기. 사슬 3 + 빼뜨기, 사슬 3 + 빼뜨기 30
사슬 3 + 빼뜨기, 사슬 3 + 빼뜨기, 사슬 3 + 빼뜨기, 사슬 3 + 빼뜨기

(4단 앞면의 빼뜨기는 3단의 표시된 부분에 뜨고,
뒷면의 빼뜨기 중 •는 4단의 앞면 표시된 부분에 뜹니다.)

아코디언 크로스

옆 부분에 아코디언처럼 주름을 잡아 가방 공간을 만들어주는 미니 크로스백.
포인트가 되는 컬러로 플랩을 달고, 버튼 스크루 스터드를 단추대신 사용합니다.

실	도담 가방 본체 3볼, 플랩 1볼
바늘	모사용 6/0(3.5mm)
부자재	버튼 스크루 스터드 6mm(Button Screw Stud/솔트레지)
사이즈	가로 11c, 높이 22c

22c

11c

1 가방 본체 1장과 플랩 1장, 옆면 2장을 뜹니다.

2 가방 본체와 옆면 2장을 빼뜨기로 연결한 뒤, 가방 입구의 코를 주위 짧은뜨기 합니다.

3 가방의 플랩을 반 접어, 가방 본체 뒷면에 돗바늘로 연결합니다.

4 스레드 코드로 스트랩을 떠서, 가방 본체 앞뒤로 스트랩을 통과해 조여줍니다.

5 버튼 스크루 스터드를 가방 본체 앞면에 고정해, 플랩을 여닫습니다.

⌒	사슬뜨기
●	빼뜨기
⌣	이랑 빼뜨기
×	짧은뜨기
∨=⋎	짧은뜨기 2코 늘려뜨기
⊤	긴뜨기
⊺	한길 긴뜨기
⋁ ⋁	한길 긴뜨기 2코 늘려뜨기
↙	실 잇기
↙	실 끊기

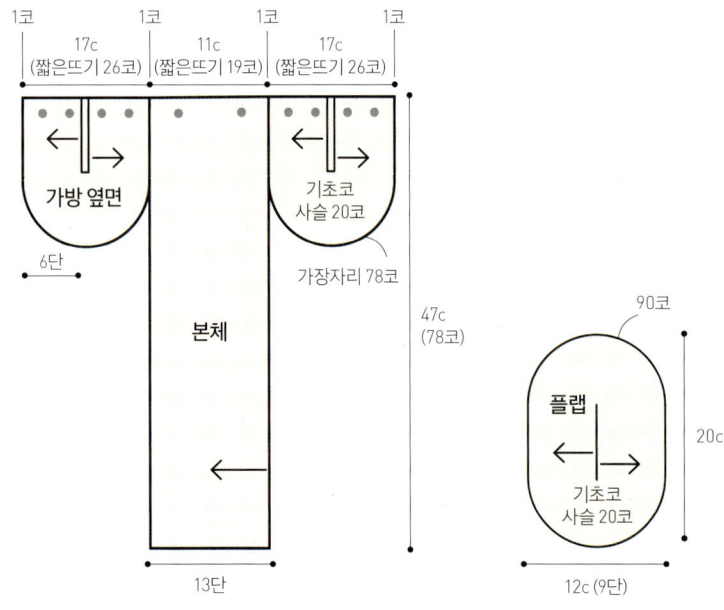

미리 작업해 둔 스트랩을 통과해 가방 옆을 조여줍니다.

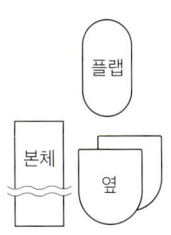

가방 본체 1장, 옆면 2장, 플랩 1장을 뜹니다.

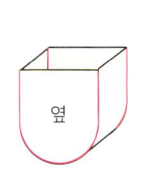

본체에 옆면을 빼뜨기로 연결합니다.

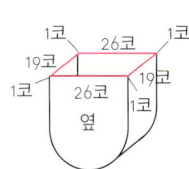

가방 입구를 짧은뜨기 94코로 가장자리뜨기 합니다. 4면과 각 모서리도 1코씩 주워 뜹니다.

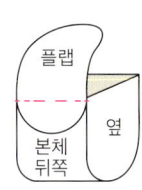

본체 뒤쪽에 가방 플랩을 돗바늘로 연결합니다.

미리 작업해 둔 스트랩을 통과해 가방 옆을 조여줍니다.

플랩을 여닫을 수 있도록 버튼 스크루 스터드를 가방 본체에 고정합니다.

가방 본체

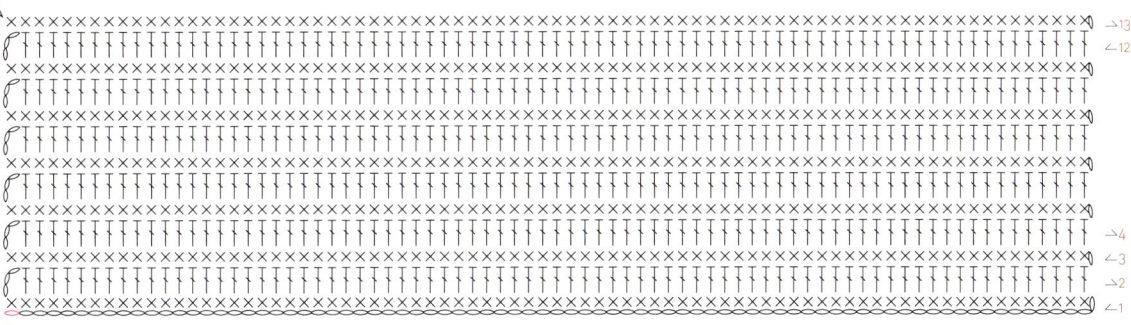

시작
기초코 사슬 78코
1단은 기초코 사슬의 코산에 짧은뜨기 합니다

플랩

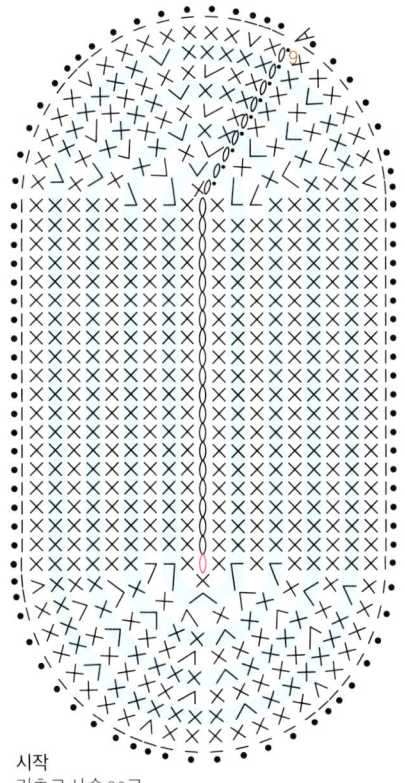

시작
기초코 사슬 20코

옆면 2장

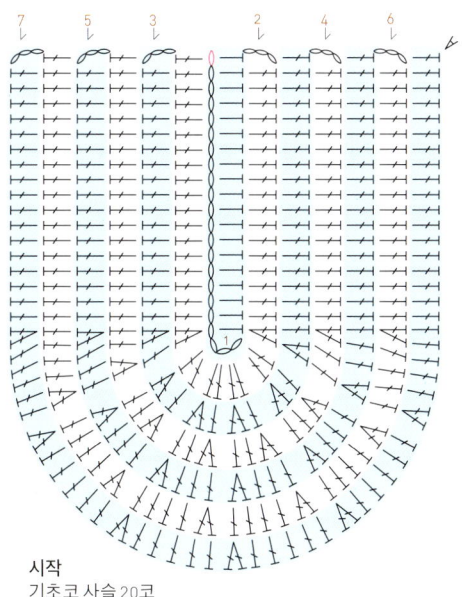

시작
기초코 사슬 20코

스피디 네트백

굵은 로프 실과 왕코바늘을 이용해 빠른 시간에 완성할 수 있는 네트백.
굵은 실의 경우 끈을 뜨지 않고 굵은 실 자체를 스트랩으로 이용할 수 있어요.

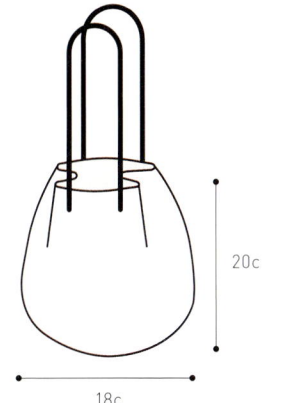

실	제밀리 1콘
바늘	점보 코바늘 10mm
사이즈	가로 18c, 높이 20c

1 바닥은 매직링에 짧은뜨기 8코로 시작한 뒤, 3단까지 뜹니다.

2 옆면을 6단까지 뜨고, 7단은 6단의 사슬코에만 짧은뜨기 합니다.

3 표시한 위치에 제밀리 실 1겹(2m)을 통과해 스트랩을 만듭니다(37쪽 참고).

○ 사슬뜨기

● 빼뜨기

× 짧은뜨기

⊤ 한길 긴뜨기

Ⅴ 한길 긴뜨기
2코 늘려뜨기

⚡ 실 끊기

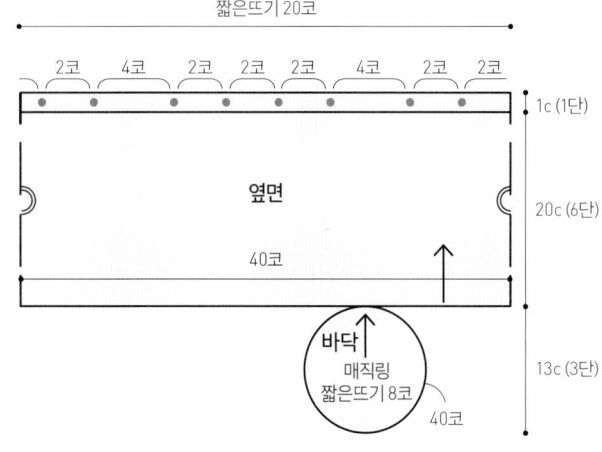

짧은뜨기 20코

2코 4코 2코 2코 2코 4코 2코 2코

1c (1단)

옆면

20c (6단)

40코

바닥
매직링
짧은뜨기 8코

40코

13c (3단)

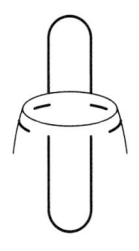
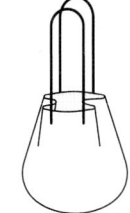

가방 본체를 뜹니다.

스트랩 용으로 실 2m 를 잘라 통과하고, 가방 안쪽에서 묶습니다.

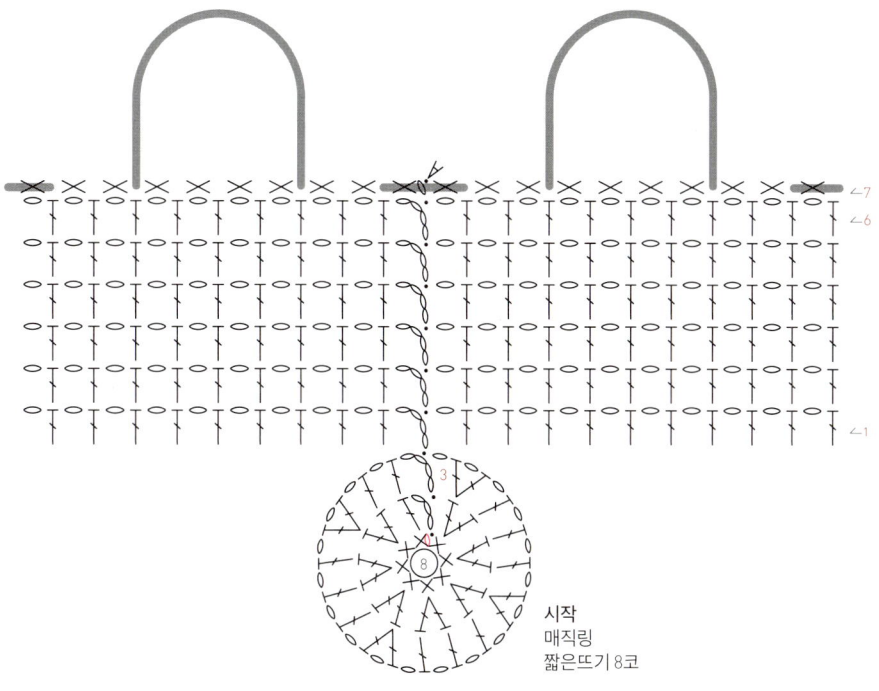

시작
매직링
짧은뜨기 8코

스트랩에 별도의 실을 아래의 그림처럼 감아 장식적 효과를 줄 수 있습니다.

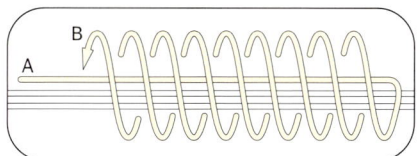

슬라이딩 낫 매듭용 실을 가방끈 2줄과 사진처럼 나란히 두고, B 꼬리실로 가방끈과 매듭용 실을 화살표 방향으로 함께 감습니다.

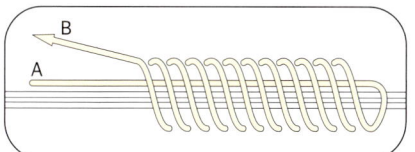

실은 여러번 감아주며, 차곡차곡 모양이 만들어지도록 감습니다.

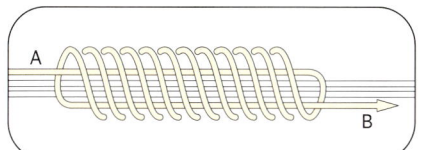

B 꼬리실을 위에서 감은 실 사이로 통과해 오른쪽으로 나오게 합니다.

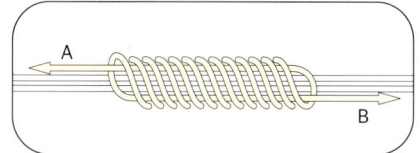

가운데 감은 실의 모양을 잘 잡으면서, A와 B 꼬리실을 잡아당긴 뒤 꼬리실을 잘라 정리합니다.

펀칭백

아름다운 무늬뜨기로 완성하는 원통형 버킷백.
손잡이 부분을 바닥까지 연결해 가방 형태를 유지합니다.

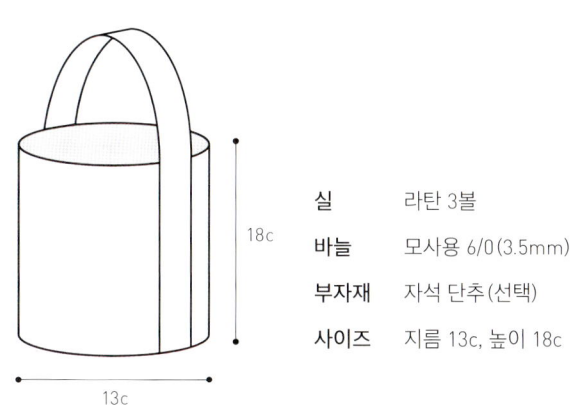

실	라탄 3볼
바늘	모사용 6/0 (3.5mm)
부자재	자석 단추 (선택)
사이즈	지름 13c, 높이 18c

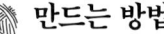 **만드는 방법**

1 바닥 1은 매직링에 짧은뜨기 6코로 시작한 뒤, 11단까지 뜨고 실을 끊습니다(2중 바닥용).

2 바닥 2는 바닥 1처럼 뜨기 시작해 12단까지 뜨고 실을 쉬어 둡니다.

3 바닥 1과 바닥 2를 편물 뒤쪽끼리 마주보게 겹치고 빼뜨기로 붙입니다. 바닥 1은 가방 안쪽의 바닥 부분이 됩니다.

4 옆면 1~7단은 짧은뜨기로 코 늘림 없이 뜹니다.

5 8단부터 15단까지 무늬뜨기 한 뒤, 16단에서 무늬뜨기를 마무리합니다.

6 17단~21단을 짧은뜨기 한 뒤, 전체 빼뜨기로 마무리합니다.

7 스트랩을 떠, 가방 옆 부분에 돗바늘을 이용해 붙입니다. 가방 안쪽에서 작업합니다.

8 자석 단추를 붙입니다.

○	사슬뜨기
●	빼뜨기
×	짧은뜨기
∨=⩔	짧은뜨기 2코 늘려뜨기
┼	한길 긴뜨기
⩕⩕	한길 긴뜨기 2코 늘려뜨기
↗	실 잇기
↗	실 끊기

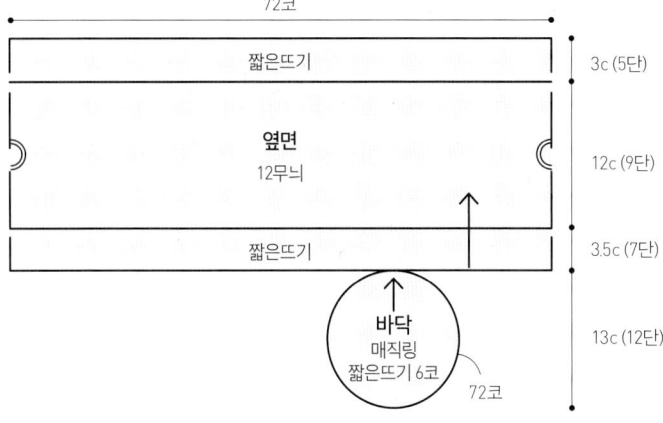

바닥
매직링
짧은뜨기 6코

72코

72코

짧은뜨기 — 3c (5단)

옆면
12무늬 — 12c (9단)

짧은뜨기 — 3.5c (7단)

13c (12단)

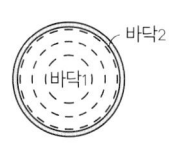

바닥 1과 바닥 2를 편물 뒤쪽끼리 마주보게 겹치고, 빼뜨기로 붙여 단단한 바닥을 만듭니다.

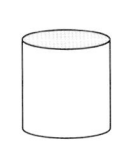

바닥 2에 이어 가방 옆면을 뜹니다.

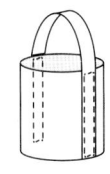

스트랩을 떠, 가방에 붙입니다. 가방 안쪽에서 돗바늘을 이용합니다.

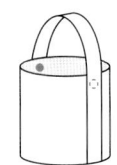

자석 단추를 가방 안쪽에 마주보게 붙입니다.

가방 본체

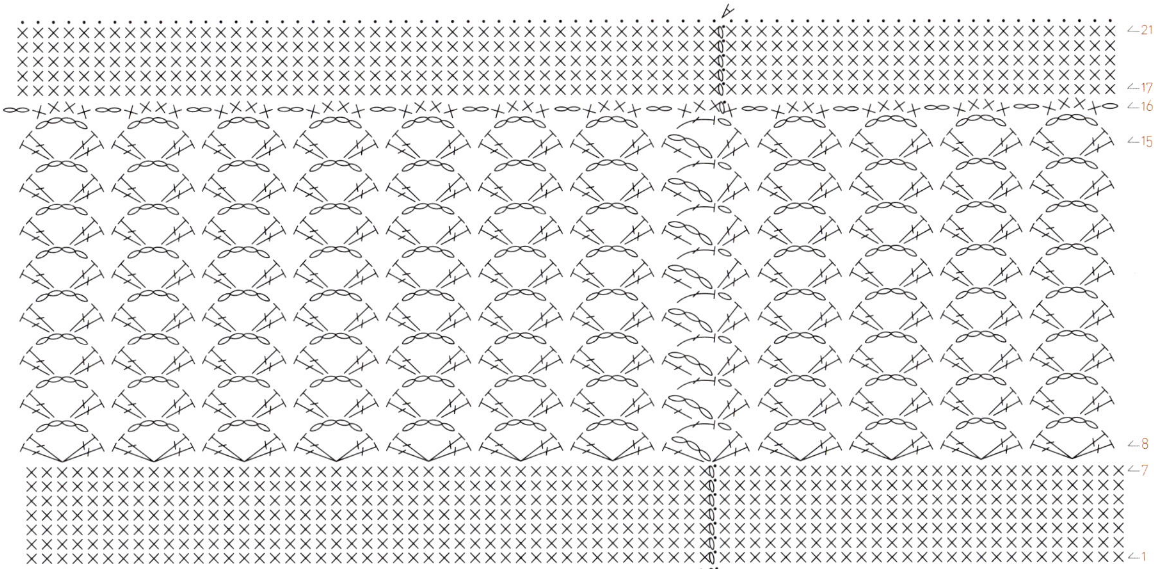

←21
←17
←16
←15

←8
←7

←1

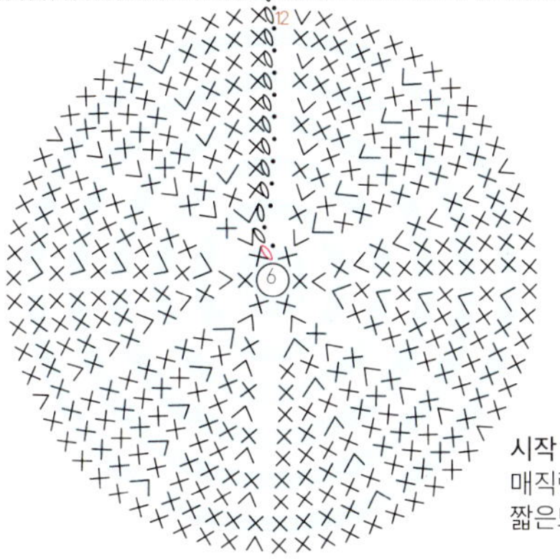

무늬

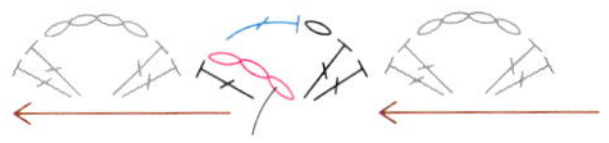

각단의 마무리는
한길 긴뜨기 2 + 사슬 + 한길 긴뜨기

기둥코
사슬 3코

시작
매직링
짧은뜨기 6코

스트랩

테두리 뜨기시작

3 1

시작
기초코
짧은뜨기 6코

1
120

1   1
4   2

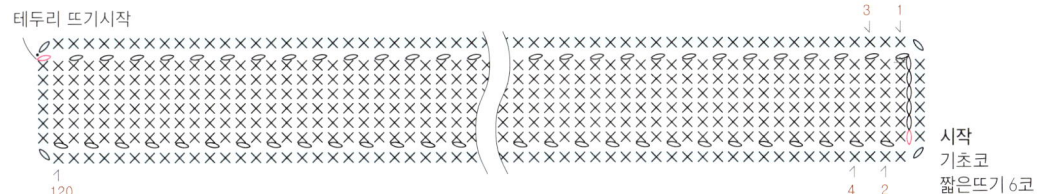

빅백

종이 실로 만들어 사이즈가 크지만 아주 가벼운 빅백.

바닥에서 입구 방향으로 폭을 넓히고, 손잡이 양쪽을 나누어 형태를 만드는 가방을 만들어봅니다.

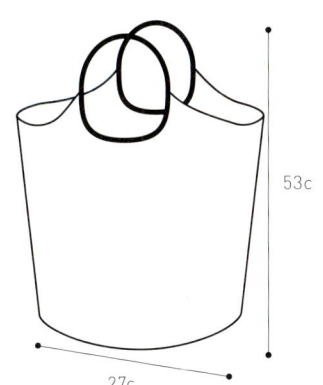

실	소이 1볼
바늘	모사용 5/0 (3mm)
사이즈	바닥 가로 27c, 높이 53c (핸들 포함)

1 바닥은 기초코 사슬 26코로 시작해, 도안을 따라 뜹니다.

2 옆면은 코 늘림에 주의해 21단까지 뜨고, 실을 끊습니다.

3 표시된 부분에 실을 이어 앞뒤 손잡이 사이를 왕복뜨기로 뜹니다. 같은 방법으로 반대쪽도 뜹니다.

4 실을 이어 손잡이 부분을 사슬로 뜨고, 가방 입구와 손잡이 가장자리를 뜹니다.

5 손잡이 안쪽을 뜹니다.

⊙	사슬뜨기
●	빼뜨기
✕	짧은뜨기
人	겹짧은뜨기
∨=Ⅶ	짧은뜨기 2코 늘려뜨기
┬	한길 긴뜨기
Ⅶ Ⅴ	한길 긴뜨기 2코 늘려뜨기
Ａ	한길 긴뜨기 2코 모아뜨기
↙	실 잇기
↙	실 끊기

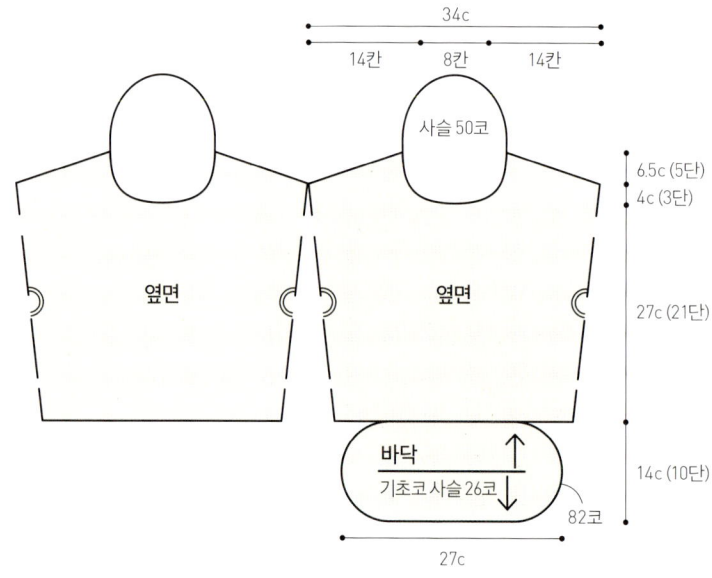

34c
14칸 8칸 14칸
사슬 50코
6.5c (5단)
4c (3단)
27c (21단)
옆면   옆면
바닥
기초코 사슬 26코
82코
14c (10단)
27c

바닥을 뜨고 가방옆면을 21단까지 원통뜨기로 뜹니다.

표시된 부분에 실을 이어 앞뒤 손잡이 사이 부분을 숫자 순서대로 왕복뜨기 합니다.

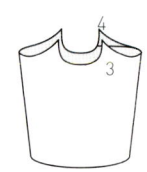

반대쪽 부분도 같은 방법으로 만듭니다.

실을 이어 손잡이 부분을 사슬로 뜨고 가방 입구 부분을 가장자리뜨기 합니다.

손잡이 안쪽 부분을 뜹니다.

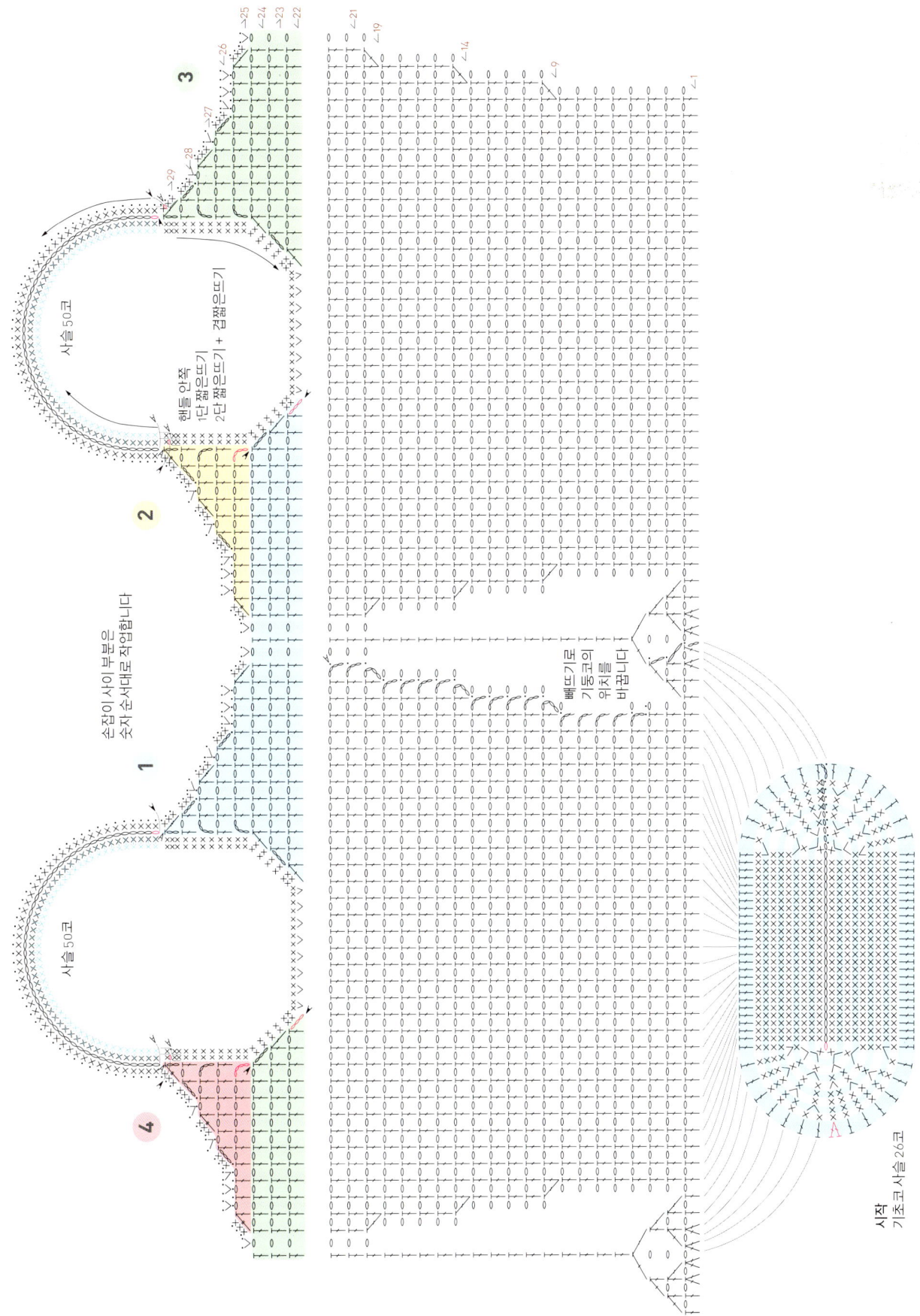

손잡이 사이 부분은
숫자 순서대로 작업합니다

사슬 50코

핸들 안쪽
1단 짧은뜨기
2단 짧은뜨기 + 겹쳐뜨기

사슬 50코

빼뜨기로
기둥코의
위치를
바꿉니다

시작
기초코 사슬 26코

라탄 토트백

라탄 실 2겹에 니트 스티치 바닥으로 탄탄한 형태를 갖는 네트 스타일 토트백.
아래로 긴 타원형의 손잡이를 만들어봅니다.

실	라탄 5볼 (2겹 사용)
바늘	모사용 8/0 (5mm)
사이즈	지름 24c, 높이 39c

🧶 만드는 방법

1 바닥은 기초코 사슬 16코로 시작해, 니트 스티치 기법(31쪽 참고)으로 기둥코 없이 뜹니다.

2 옆면은 11단까지 뜨고, 실을 끊습니다.

3 표시된 부분에 실을 이어 앞뒤 손잡이 사이를 왕복뜨기로 뜹니다. 같은 방법으로 반대쪽도 뜹니다.

4 실을 이어 손잡이를 사슬뜨기 하고, 가방 입구와 손잡이의 가장자리를 뜹니다.

5 손잡이 안쪽을 뜹니다.

◦	사슬뜨기
•	빼뜨기
✕	짧은뜨기
∨=Ⅴ	짧은뜨기 2코 늘려뜨기
⊤	한길 긴뜨기
Ⱥ	한길 긴뜨기 2코 모아뜨기
↙	실 잇기
↙	실 끊기

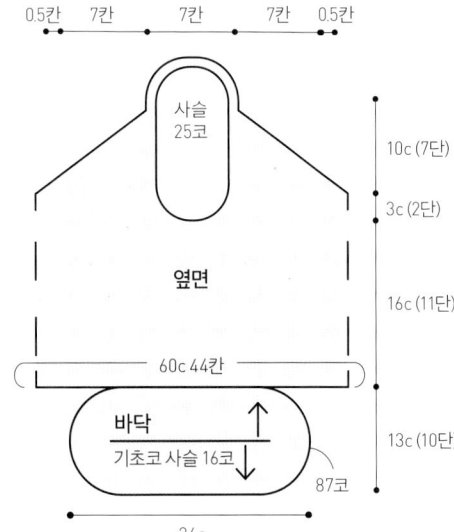

0.5칸 7칸 7칸 7칸 0.5칸

사슬 25코

10c (7단)

3c (2단)

옆면

16c (11단)

60c 44칸

바닥
기초코 사슬 16코

13c (10단)

87코

24c

니트 스티치로 바닥을 뜹니다.

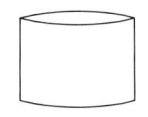

21단까지 네트를 뜨고 실을 끊습니다.

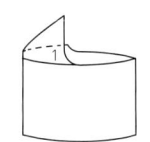

도안에 따라 손잡이 부분을 분리해 뜹니다. 1-2-3-4 순서로 뜹니다.

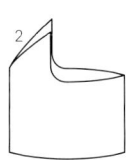

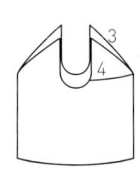

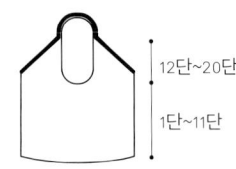

12단~20단

1단~11단

손잡이를 사슬뜨기 하고, 가방 입구와 손잡이의 가장자리를 뜹니다. 손잡이 안쪽을 뜹니다.

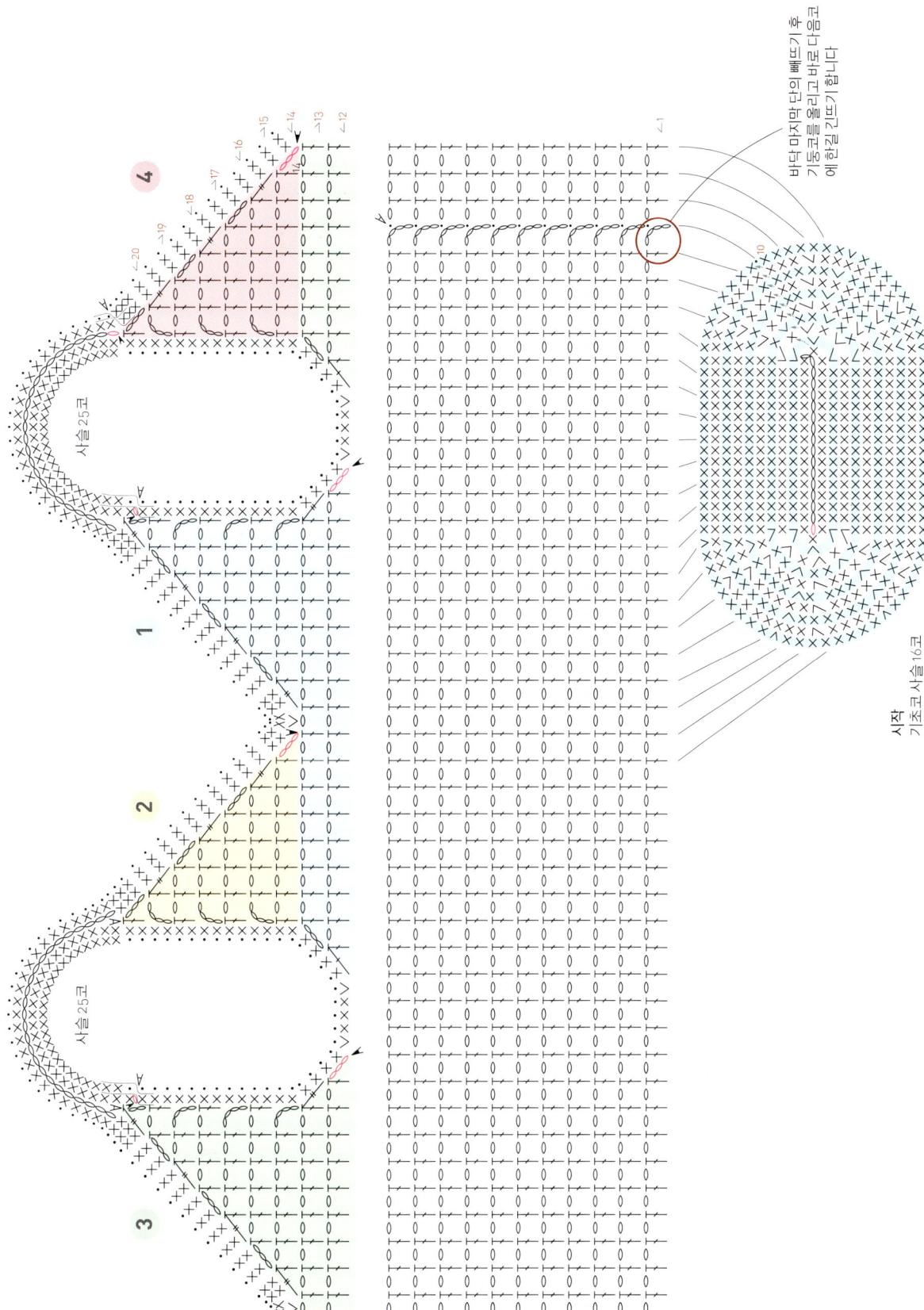

바닥 마지막 단의 빼뜨기 후 기둥코를 올리고 바로 다음코에 한길 긴뜨기합니다

시작
기초코 사슬 16코

사슬 25코

사슬 25코

1

2

3

4

내추럴 바스켓백

두께감이 있지만 부드럽게 떠지는 실로 만드는 내추럴한 바스켓 스타일의 가방.
스트랩을 짧게도 길게도 사용할 수 있도록 만들어봅니다.

실	실 비스킷 1볼
바늘	모사용 10/0(6mm)
사이즈	가로 25.5c, 높이 13c

만드는 방법

1 바닥은 기초코 사슬 18코로 시작해, 짧은뜨기로 기둥코 없이 뜹니다.

2 옆면의 1단은 이랑 한길긴뜨기로 뜨고, 2단부터 9단까지 걸어뜨기 부분에 주의해 뜬 뒤 실을 끊습니다(26쪽 한길 긴뜨기 앞걸어 뜨기 참고).

3 스트랩은 사슬뜨기 80코로 두 줄 만듭니다.

4 스트랩을 그림을 참고해 걸어, 가방 안쪽에서 묶습니다.

◯	사슬뜨기
●	빼뜨기
✕	짧은뜨기
∨=Ⅵ	짧은뜨기 2코 늘려뜨기
⊥	한길 긴뜨기
⊥	이랑 한길 긴뜨기
⌐	한길 긴뜨기 앞걸어뜨기
⤙	실 잇기
⤙	실 끊기

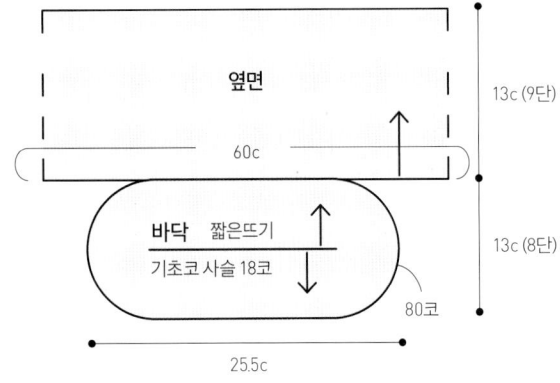

옆면 · 13c (9단) · 60c · 바닥 짧은뜨기 · 기초코 사슬 18코 · 13c (8단) · 80코 · 25.5c

짧은뜨기로 바닥을 뜹니다.

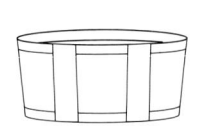
걸어뜨기 부분에 주의해 옆면을 9단까지 뜹니다.

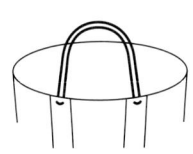
사슬 80코로 스트랩을 만듭니다. 걸어뜨기 3코 중 가운데 코에 스트랩이 걸리도록 통과해 가방 안쪽에서 사슬의 양 끝을 묶습니다.

반대쪽 스트랩도 만듭니다.

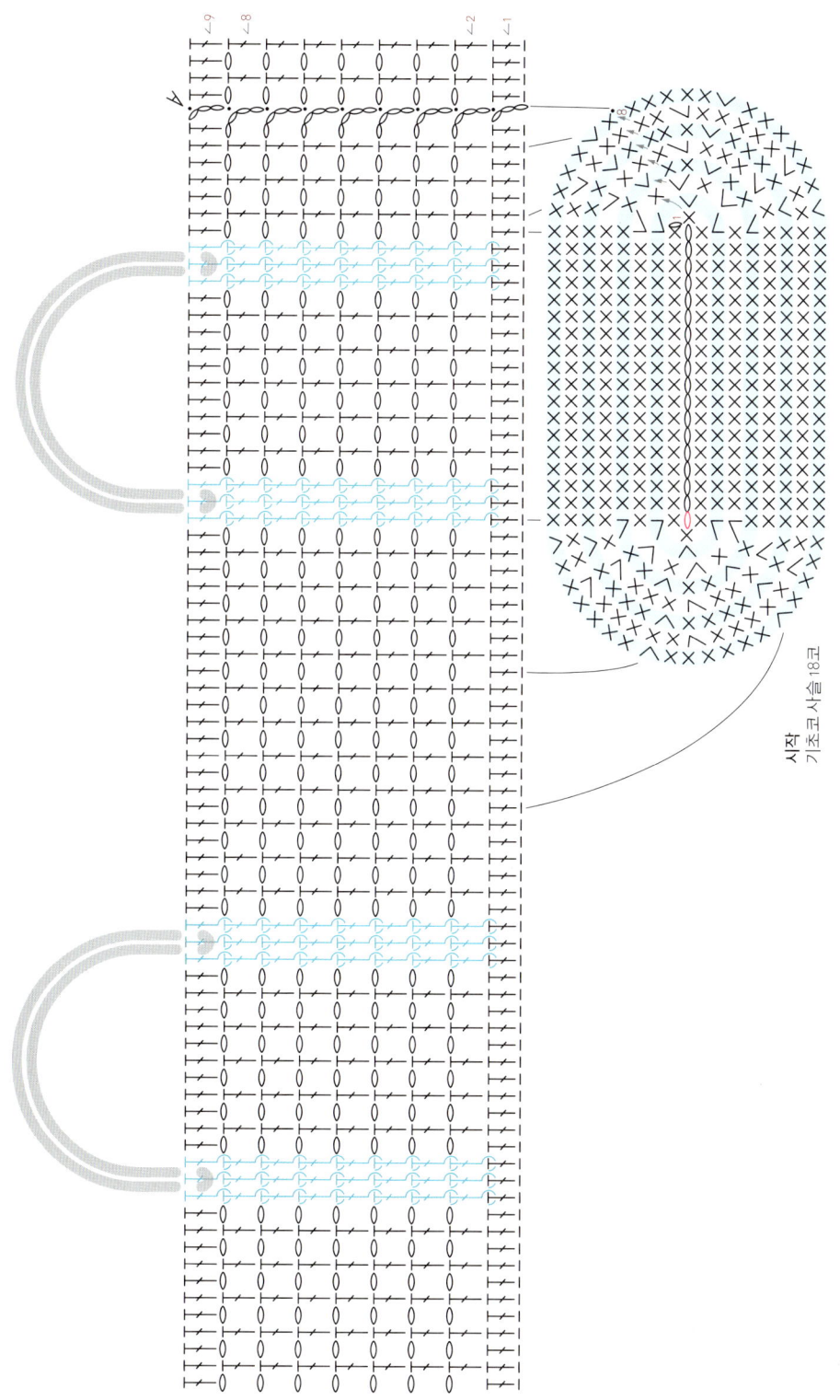

열9
열8

열2
열1

시작
기초코 사슬 18코

봉봉 미니백

탄탄한 느낌의 네트로 만드는 반듯한 형태의 토트백.
컬러에 따라 캐주얼에도, 포멀한 무드에도 어울리는 아이템입니다.

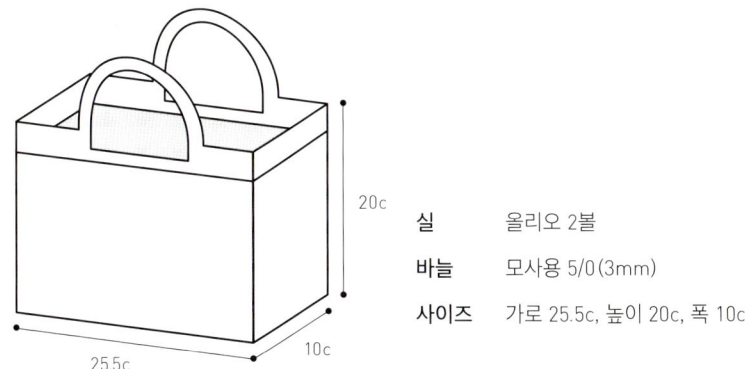

실	올리오 2볼
바늘	모사용 5/0 (3mm)
사이즈	가로 25.5c, 높이 20c, 폭 10c

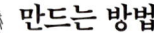
1 가방 앞면 2장과 옆면 1장을 도안에 따라 뜹니다.

2 옆면의 기초코를 앞면 모서리에 맞춰 짧은뜨기로 연결합니다. 반대쪽 앞면도 같은 방법으로 연결합니다.

3 실을 새로 이어, 가방 입구 부분을 뜨고 손잡이를 연결해 뜹니다

4 손잡이 안쪽에 실을 이어 짧은뜨기 합니다.

⊙	사슬뜨기
●	빼뜨기
✕	짧은뜨기
∧=⋀	짧은뜨기 2코 모아뜨기
⊤	한길 긴뜨기
Ⅻ	한길 긴뜨기 2코 모아뜨기
✐	실 잇기
✐	실 끊기

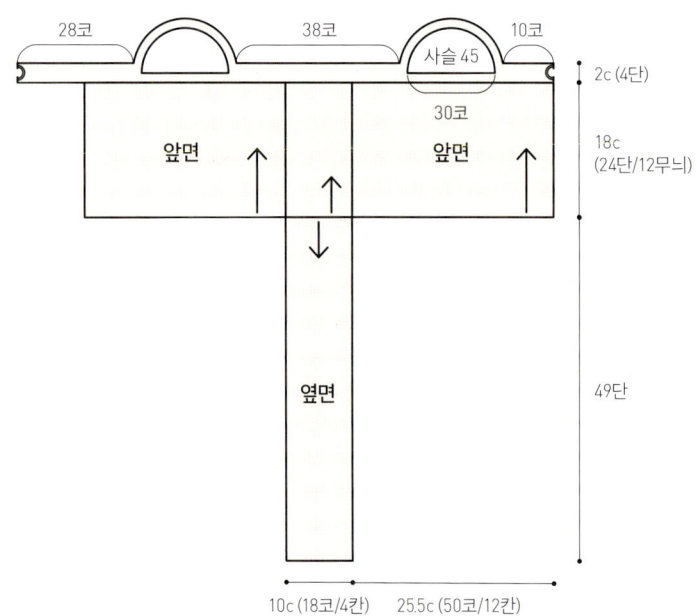

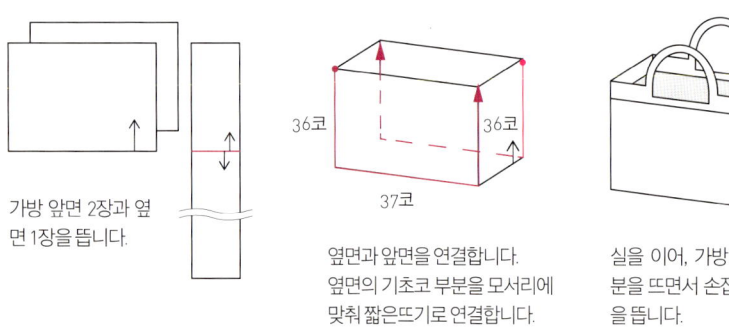

가방 앞면 2장과 옆면 1장을 뜹니다.

옆면과 앞면을 연결합니다. 옆면의 기초코 부분을 모서리에 맞춰 짧은뜨기로 연결합니다.

실을 이어, 가방 입구 부분을 뜨면서 손잡이 부분을 뜹니다.

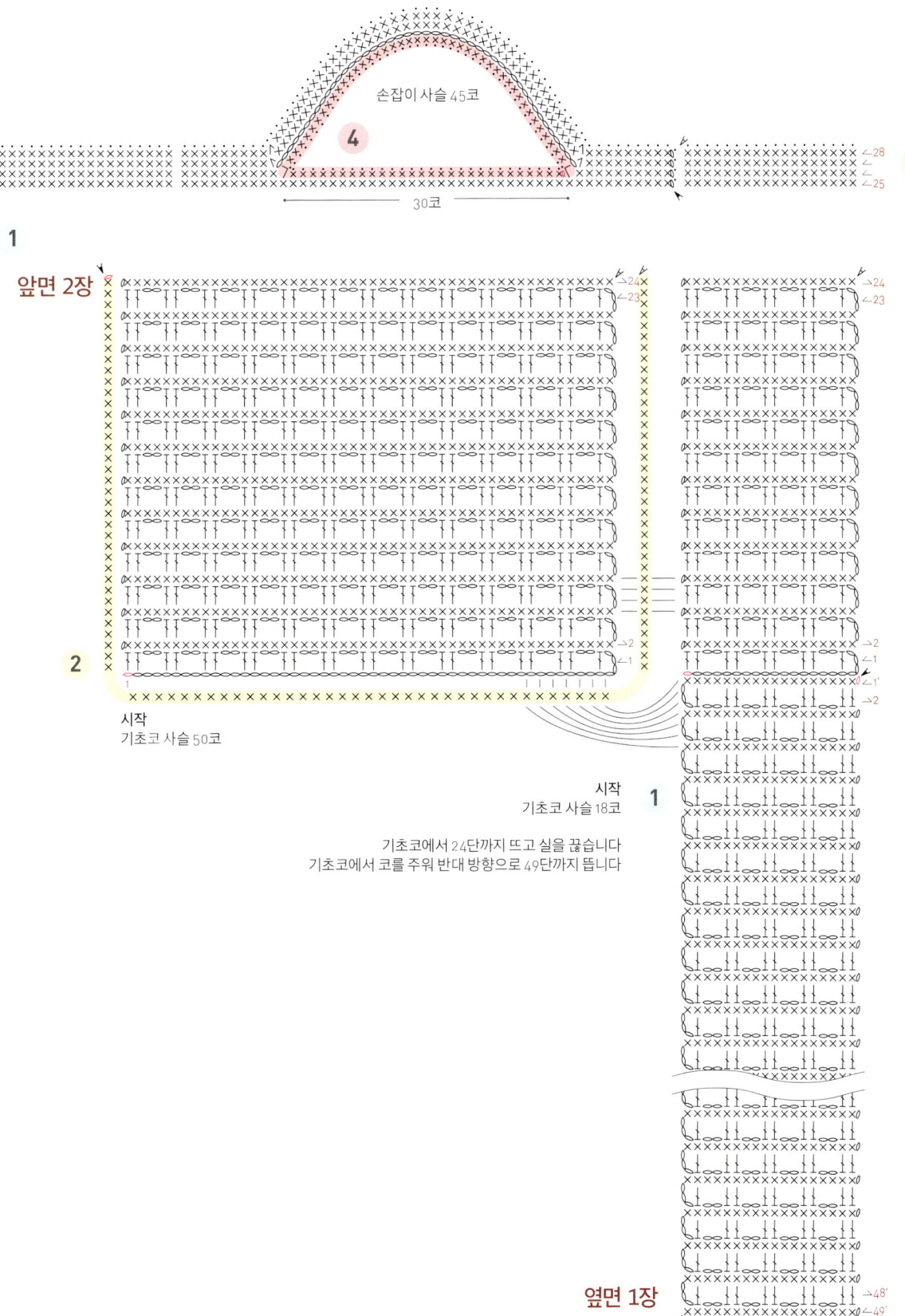

손잡이 사슬 45코

4

30코

3
←28
←
←
←25

1

앞면 2장

→24
←23

→24
←23

2

→2
←1

→2
←1

시작
기초코 사슬 50코

시작
기초코 사슬 18코

기초코에서 24단까지 뜨고 실을 끊습니다
기초코에서 코를 주워 반대 방향으로 49단까지 뜹니다

1

→2

옆면 1장

→48'
←49'

보틀 커버

물통과 텀블러를 갖고 다닐 수 있는 보틀 커버.
방수나 수분이 빨리 마르는 실을 이용하면 좀 더 쾌적하게 사용할 수 있습니다.

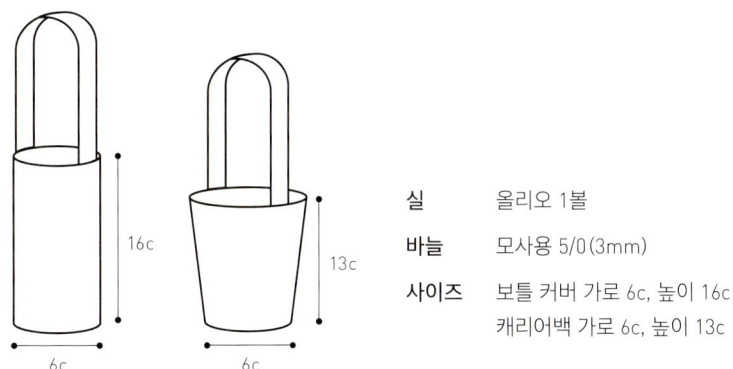

실	올리오 1볼
바늘	모사용 5/0 (3mm)
사이즈	보틀 커버 가로 6c, 높이 16c
	캐리어백 가로 6c, 높이 13c

🧶 만드는 방법

1 바닥은 매직링에 한길 긴뜨기 14코로 시작한 뒤, 3단까지 뜹니다.

2 옆면 1단은 코 늘림 없이 뜹니다.

3 2단과 3단을 반복해 16단까지 뜨고, 17단은 도안을 따라 뜹니다. 빼뜨기로 단을 마무리합니다.

4 짧은뜨기로 스트랩을 원하는 길이만큼 뜹니다.

5 반대쪽 편물 안쪽에서 짧은뜨기로 커버 입구와 스트랩을 연결합니다.

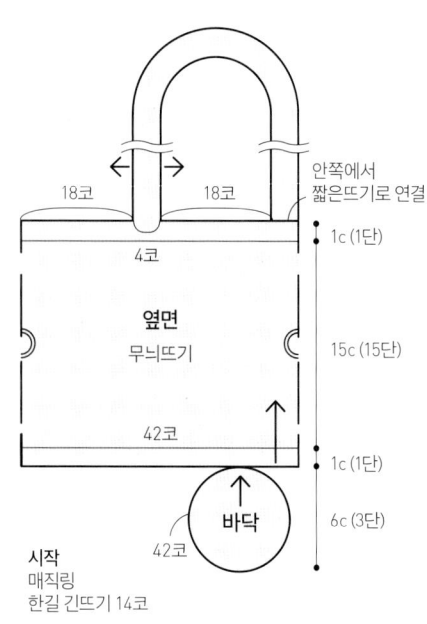

한길 긴뜨기로 바닥을 뜹니다.

한길 긴뜨기로 바닥을 뜹니다.

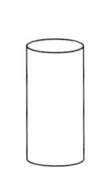

옆면 1단은 한길 긴뜨기로 뜨고, 2단부터 16단까지 무늬뜨기 합니다.

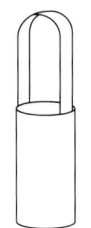

17단을 뜨고, 스트랩을 연결해 뜹니다. 원하는 길이만큼 뜨고, 반대쪽 입구에 연결합니다.

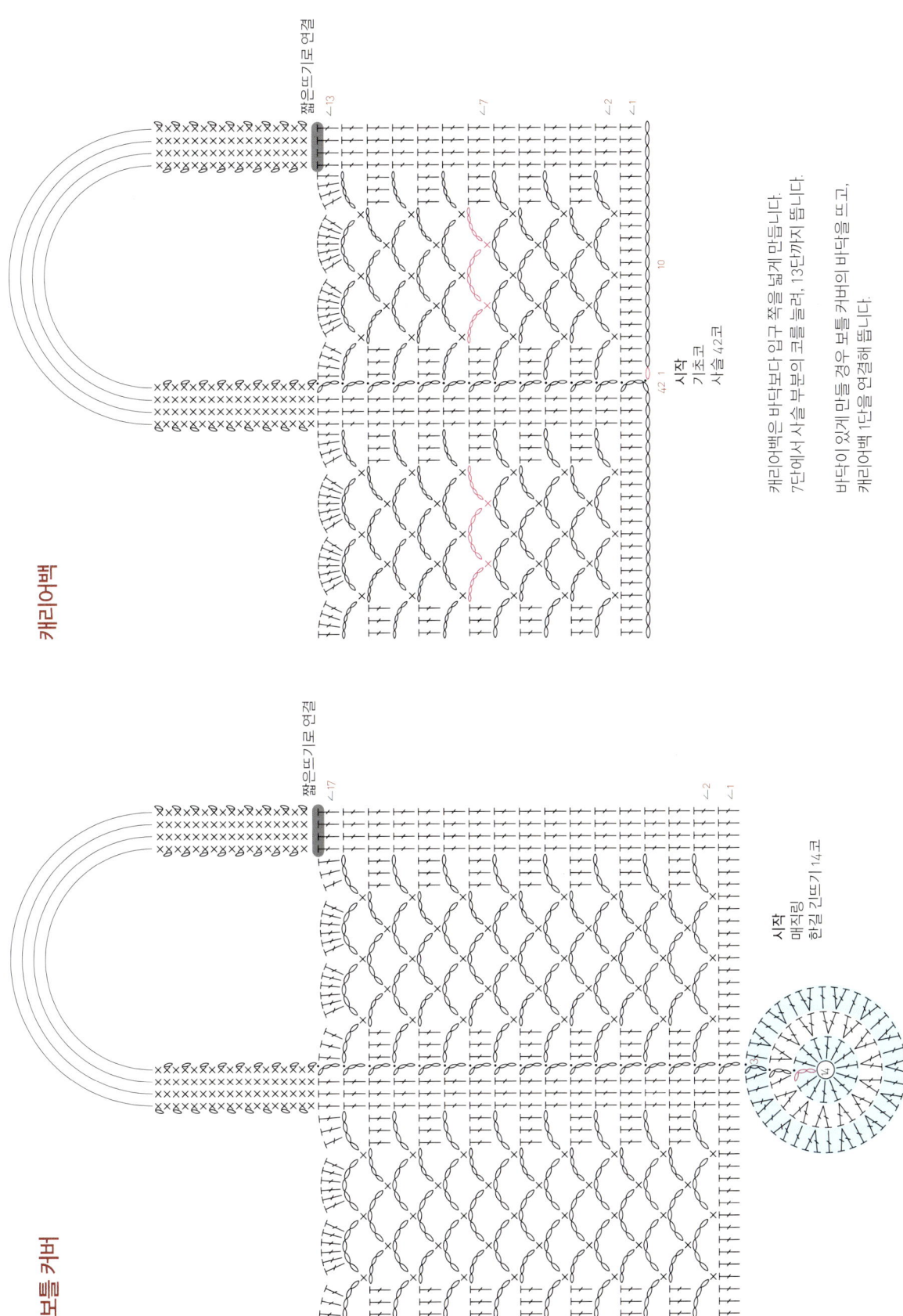

캐리어백

보틀 커버

짧은뜨기로 연결

짧은뜨기로 연결

←13

←7

←2

←1

시작
기초코
사슬 42코

42 1

10

캐리어백은 바닥보다 입구 쪽을 넓게 만듭니다.
7단에서 사슬 부분의 코를 늘려, 13단까지 뜹니다.

바닥이 있게 만들 경우 보틀 커버의 바닥을 뜨고,
캐리어백 1단을 연결해 뜹니다.

←17

←2

←1

시작
매직링
한길 긴뜨기 14코

107

가을
Autumn

가을의 분위기를 가득 담은 톤다운 된 가방.
여러 재질을 이용해 다양한 기법으로 만들어요.
매일 들어도 질리지 않는 세련된 디자인이 포인트예요.

오리가미 레더백

굵은 가죽 실과 변형 이랑뜨기가 만드는 독특한 텍스처의 미니 크로스백.
옆면에서 뜨기 시작하는 가방으로 포켓까지 한 번에 만들어
오리가미처럼 접어 포켓을 만듭니다.

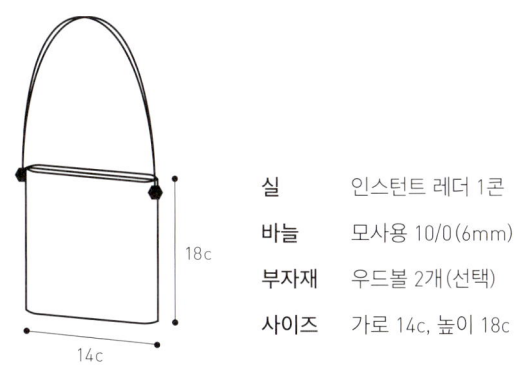

실	인스턴트 레더 1콘
바늘	모사용 10/0 (6mm)
부자재	우드볼 2개 (선택)
사이즈	가로 14c, 높이 18c

만드는 방법

1 가방은 기초코로 시작한 옆면에서 반대쪽 옆면~칸막이까지 연결해 뜹니다. 기초코 사슬 39코로 시작해 변형 이랑뜨기로 15단까지 왕복뜨기 합니다. 각단의 시작과 마지막 코는 짧은뜨기입니다(33쪽 변형 이랑뜨기 참고).

2 16단부터 30단까지는 19코에 '사슬 + 짧은뜨기'를 반복해 왕복뜨기 합니다.

3 편물을 접고, 가방 양쪽을 빼뜨기로 막습니다.

4 가죽 실을 스트랩 길이만큼 잘라, 길이 조절 가능한 매듭을 이용해 양쪽에 연결합니다.

⌒	사슬뜨기
●	빼뜨기
✕	짧은뜨기
✕	변형 이랑뜨기
⚡	실 끊기

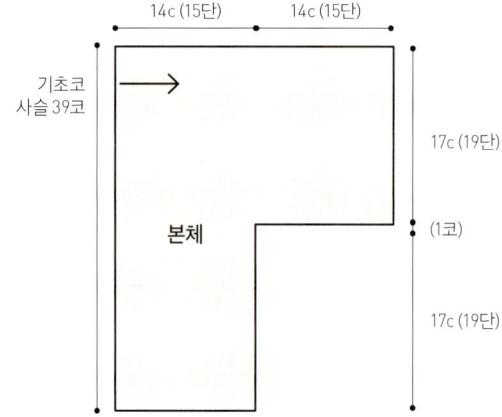

14c (15단)　14c (15단)

기초코
사슬 39코

본체

17c (19단)

(1코)

17c (19단)

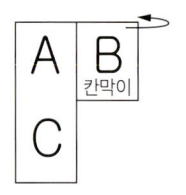

칸막이 B를 뒤로 접습니다.

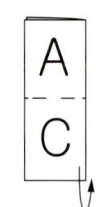

C를 뒤로 접습니다.

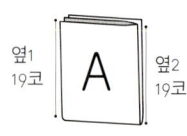

옆1
19코

A

옆2
19코

가방 양쪽을 빼뜨기로 막습니다.

가방 양쪽에 스트랩을 답니다.

빼뜨기로 막기

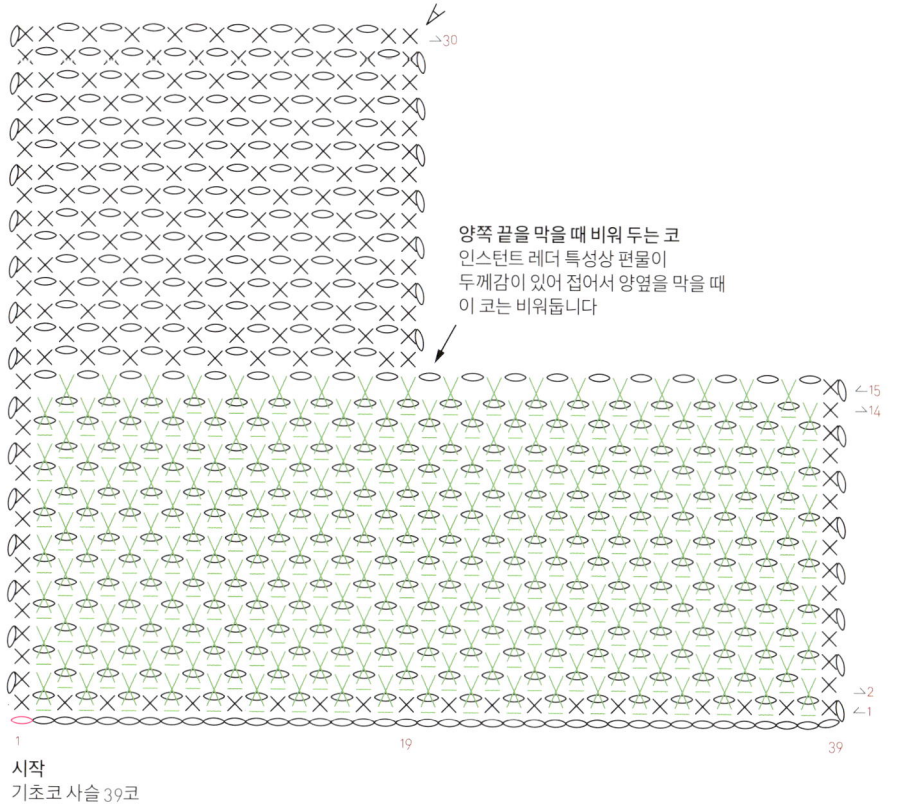

양쪽 끝을 막을 때 비워 두는 코
인스턴트 레더 특성상 편물이
두께감이 있어 접어서 양옆을 막을 때
이 코는 비워둡니다

시작
기초코 사슬 39코

70cm
(전체 길이는 140cm)

가방 본체

1 실을 140cm 정도 길이로 2가닥을 잘라 준비한다.

2 각 실에 우드 볼을 끼워 준 뒤, 우드 볼을 중심으로 반 접는다.

3 가방 본체 입구의 양쪽 끝에 2번의 실을 각각 묶는다.

4 우드 볼이 있는 양쪽의 실을 교차해 슬라이드 노트(slide knot) 기법으로 묶는다

길이 조절 스트랩

플리츠백

아코디언 같은 세로 주름이 매력적인 플리츠백.
한길 긴뜨기와 걸어뜨기 기법을 이용해 날선 주름을 만들어봅니다.

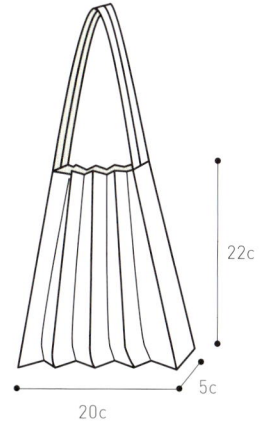

실	올리오 3볼
바늘	모사용 5/0(3mm)
사이즈	가로 20c, 높이 22c, 폭 5c

만드는 방법

1 기초코 사슬 102코를 뜨고 한길 긴뜨기로 1단을 뜹니다.

2 2단부터 23단까지 앞걸어뜨기(26쪽 참고)와 뒤걸어뜨기(27쪽 참고) 부분에 주의해 가방 본체를 뜹니다(배색할 경우 배색단에서 실을 교체합니다).

3 바닥을 돗바늘로 막습니다(32쪽 참고).

4 스트랩 2장을 떠 가방 입구의 표시된 부분에 돗바늘로 붙입니다.

5 조임끈(41쪽 참고)을 만들어 주름 사이로 통과해 한쪽에서 조입니다.

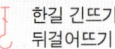

⌒	사슬뜨기
●	빼뜨기
┬	한길 긴뜨기
	한길 긴뜨기 뒤걸어뜨기
	한길 긴뜨기 앞걸어뜨기
↗	실 잇기
↗	실 끊기

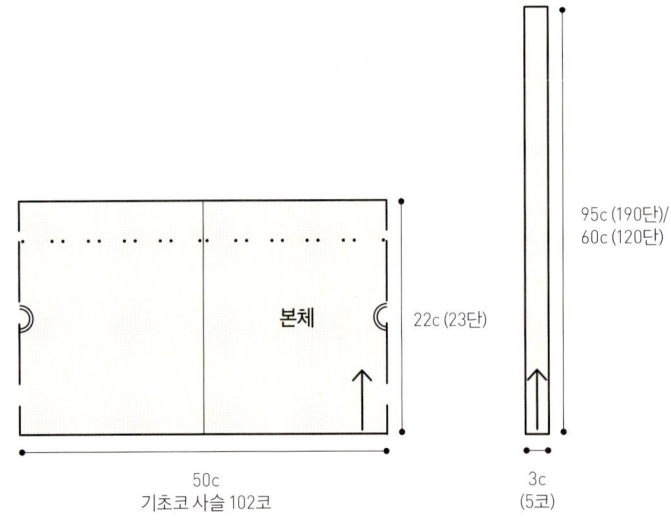

본체

22c (23단)

95c (190단)/ 60c (120단)

50c
기초코 사슬 102코

3c
(5코)

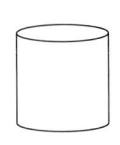

기초코를 잡고, 도안에 따라 가방 본체를 원통뜨기로 뜹니다.

돗바늘로 가방 바닥을 막습니다.

스트랩을 떠서 가방 입구의 양쪽에 연결합니다.

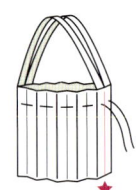

사슬뜨기로 끈을 만들어 주름 사이로 통과해 한쪽에서 조입니다.

가방 본체

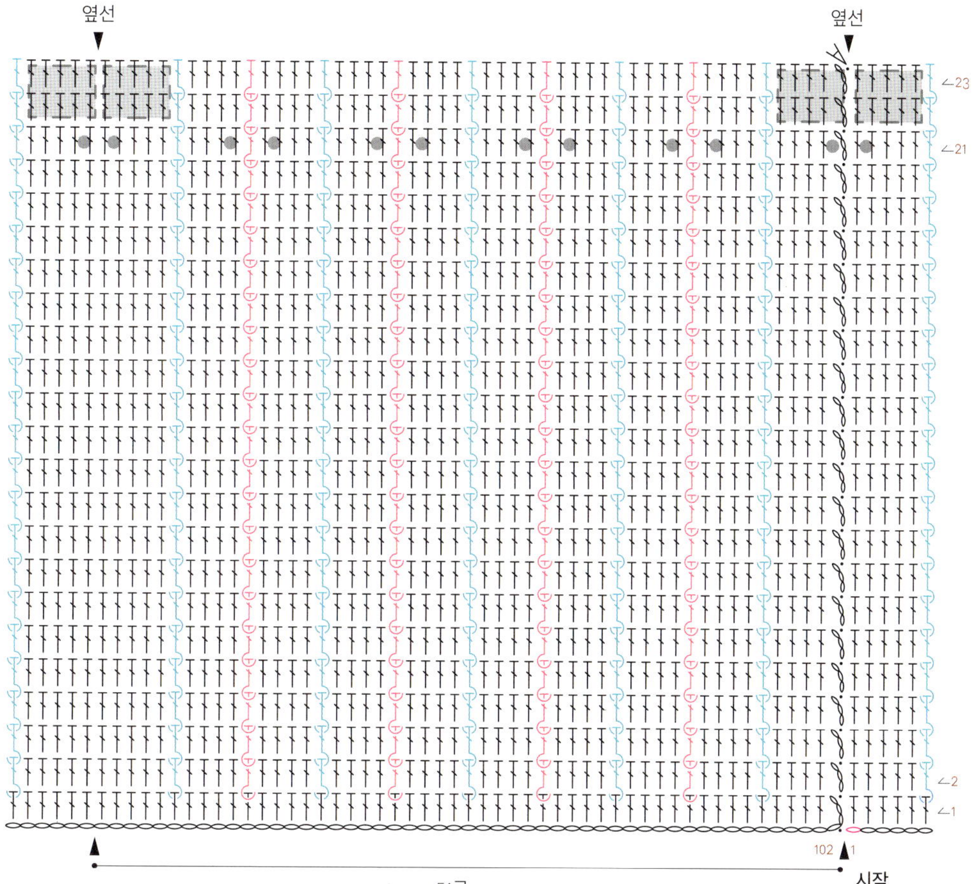

옆선

옆선

⤶23

⤶21

⤶2

⤶1

102 ▲1

51코

시작
기초코 사슬 102코

원통뜨기로 가방 본체를 뜬 뒤,
가방 바닥이 되는 기초코 부분을
돗바늘로 막습니다

스트랩 2장

시작
기초코 사슬5코

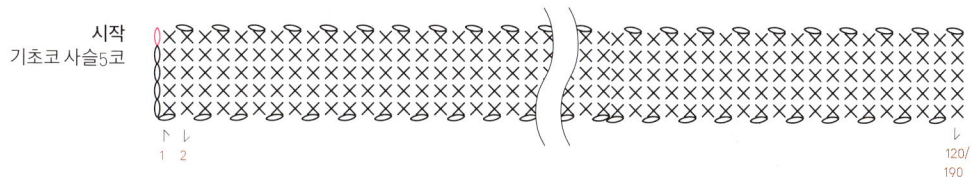

1 2

120/
190

조임끈은
스레드 코드 혹은 이중 사슬뜨기를 이용해
80c 길이로 만듭니다

가을가을 파우치

가을 느낌의 컬러가 믹스된 종이 실을 이용해 만드는 파우치.
지퍼가 달린 기성 파우치를 안감으로 사용해, 간편하게 지퍼 파우치를 만듭니다.

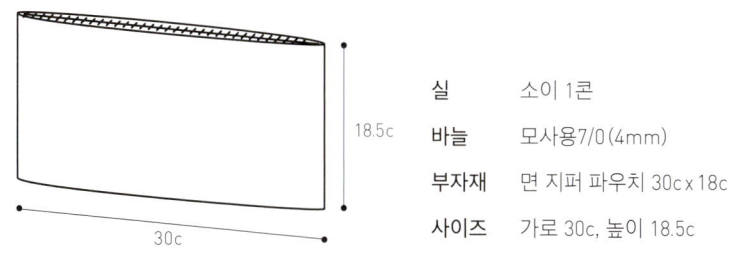

실	소이 1콘
바늘	모사용7/0 (4mm)
부자재	면 지퍼 파우치 30c x 18c
사이즈	가로 30c, 높이 18.5c

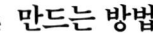 **만드는 방법**

1 기초코 사슬 91코로 시작해 원통뜨기 합니다. 1단은 짧은뜨기, 2단은(짧은뜨기-사슬뜨기)를 반복합니다. 2단부터는 기둥코 없이 뜹니다.

2 3단부터 33단까지 겹짧은뜨기와 사슬뜨기를 반복해 뜹니다. 이 도안에서 겹짧은뜨기는 아래 단의 사슬이 아닌, 아래 아래단 짧은뜨기의 코머리에 뜹니다(28쪽 참고).

3 34단은 짧은뜨기, 마지막은 2코 모아 겹짧은뜨기(30쪽 참고) 한 뒤, 전체 빼뜨기 합니다.

4 가방을 뒤집어 가방 안쪽에서 짧은뜨기로 가방 바닥을 막습니다.

5 파우치를 넣고, 파우치 입구 부분과 편물을 바늘로 연결합니다. 샘플에서는 투명한 낚싯줄을 이용해 가방 안쪽에서 꿰맸습니다.

⌒	사슬뜨기
●	빼뜨기
✕	짧은뜨기
⋔	겹짧은뜨기

이 도안에서 겹짧은뜨기는 아래 단의 사슬이 아닌, 아래 아래 단의 짧은뜨기 머리에 뜹니다.

∧ = ⋔ 2코 모아 겹짧은뜨기

✔ 실 끊기

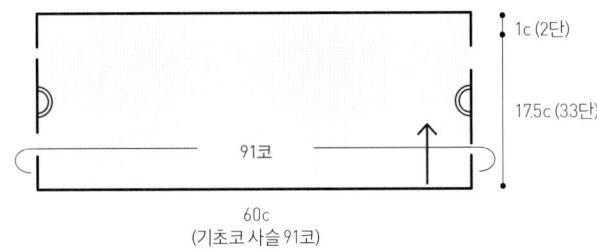

1c (2단)

17.5c (33단)

91코

60c
(기초코 사슬 91코)

기초코 사슬 91코를 잡습니다.

1단을 짧은뜨기 한 후, 가방 본체를 원통뜨기로 합니다. 가방 바닥은 가방 안쪽에서 짧은뜨기로 막습니다.

지퍼가 달린 면 파우치를 본체 안에 넣습니다.

본체 입구와 면 파우치를 바늘을 이용해 잇습니다.

기둥코 없이 2코 단위의 무늬가 반복되기 때문에
기초코는 홀수 코로 시작합니다

시작
기초코 사슬 91코

35
34
33

3
2
1

1

플리아주백

그래니스퀘어 바닥을 기본으로 옆면을 올리고, 산 부분을 접어 만드는 재미난 가방.
그래니스퀘어 바텀백의 변형으로 스트랩을 다는 위치를 바꿔
다른 스타일의 가방을 만들었어요.

실	라탄 바탕실 3볼, 배색실 2볼(M 사이즈)
바늘	모사용 6/0(3.5mm)
부자재	장식용 단추(선택)
사이즈	가로 35c, 높이 24c

![만드는 방법] **만드는 방법**

1 그래니스퀘어 바닥을 뜹니다.

2 한 변의 가운데에서 코를 줄이고, 네 각에서는 그래니스퀘어 방식으로 코를 늘려 가방 옆면을 올려줍니다.

3 가방 옆면의 산 부분을 가방 겉 쪽으로 접습니다.

4 스트랩을 연결할 부분에 여분의 실을 걸어 스레드 코드로 46c 뜨고, 반 대쪽에 고정합니다. 손잡이는 앞뒤로 두 줄을 만듭니다.

⌒	사슬뜨기
●	빼뜨기
✕	짧은뜨기
∨=ᐯ	짧은뜨기 2코 늘려뜨기
┬	한길 긴뜨기
	한길 긴뜨기 5코 늘려뜨기
	한길 긴뜨기 3코 모아뜨기 (마지막 코 앞걸어뜨기)
	한길 긴뜨기 3코 모아뜨기 (첫 코 앞걸어뜨기)
✔	실 잇기
⤙	실 끊기

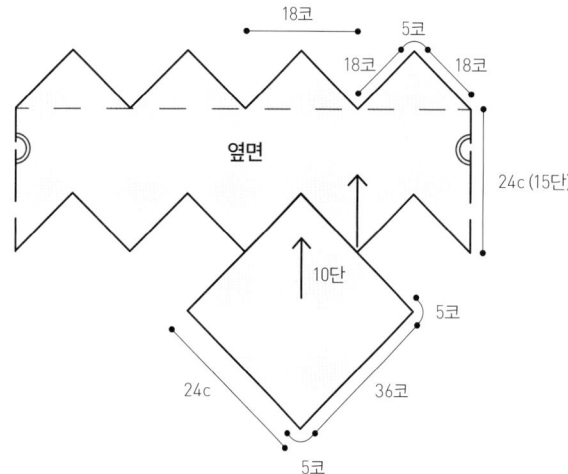

18코　5코　18코　18코

옆면

24c (15단)

10단

5코

24c　36코

5코

가방 바닥

바닥을 뜹니다.

산

바닥에 이어 가방 옆면을 뜹니다.

편물의 산 부분을 접습니다.

스레드 코드 기법으로 스트랩을 뜨고, 가방 입구의 지정한 위치에 스트랩을 붙입니다.

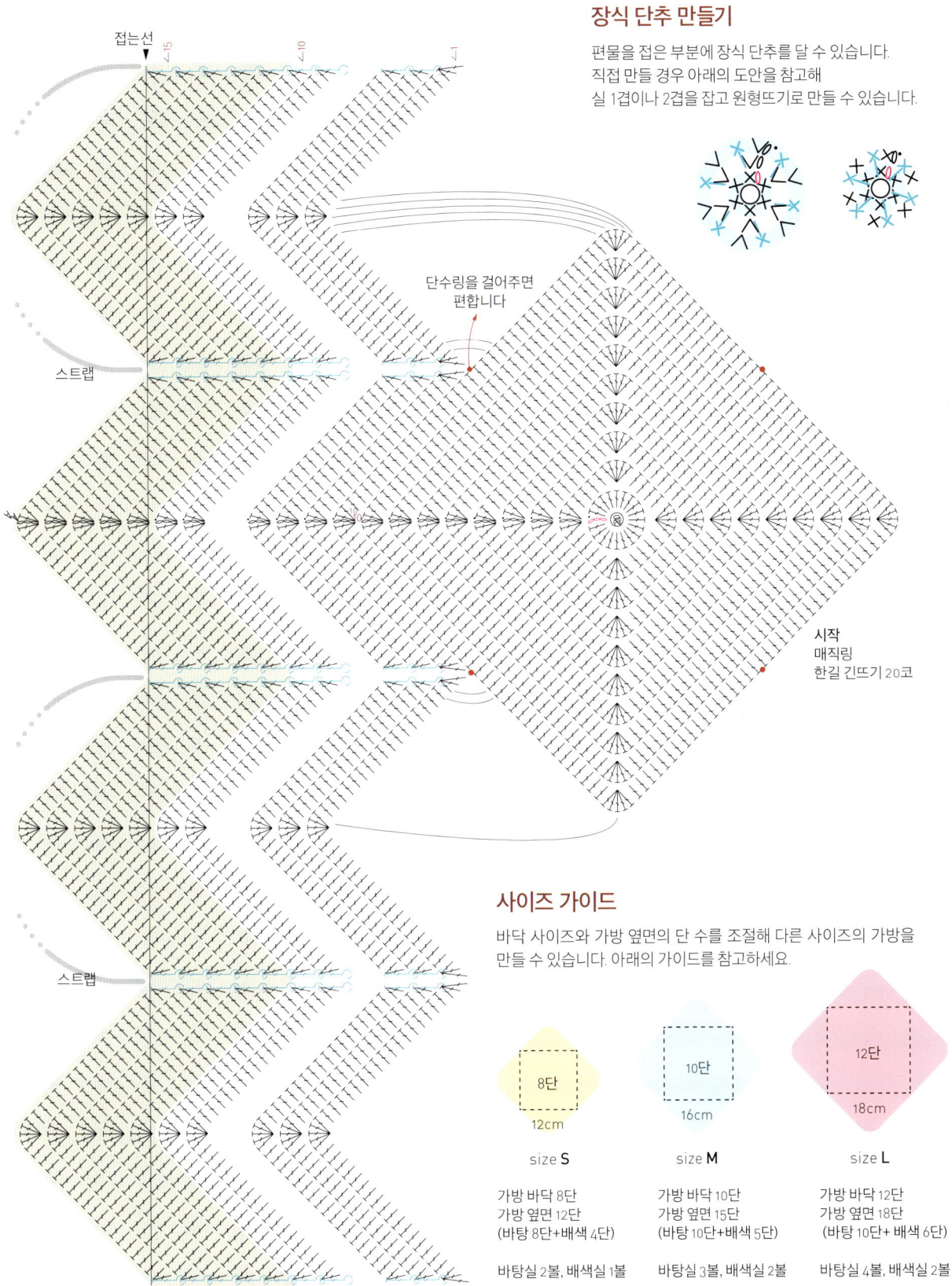

접는선

스트랩

스트랩

단수링을 걸어주면
편합니다

시작
매직링
한길 긴뜨기 20코

장식 단추 만들기

편물을 접은 부분에 장식 단추를 달 수 있습니다.
직접 만들 경우 아래의 도안을 참고해
실 1겹이나 2겹을 잡고 원형뜨기로 만들 수 있습니다.

사이즈 가이드

바닥 사이즈와 가방 옆면의 단 수를 조절해 다른 사이즈의 가방을
만들 수 있습니다. 아래의 가이드를 참고하세요.

8단	10단	12단
12cm	16cm	18cm
size S	size M	size L

가방 바닥 8단
가방 옆면 12단
(바탕 8단+배색 4단)

바탕실 2볼, 배색실 1볼

가방 바닥 10단
가방 옆면 15단
(바탕 10단+배색 5단)

바탕실 3볼, 배색실 2볼

가방 바닥 12단
가방 옆면 18단
(바탕 10단+ 배색 6단)

바탕실 4볼, 배색실 2볼

125

겨울
Winter

겨울을 만끽할 수 있는 소재를 사용해 따뜻하고 부드러운 가방을 만들어요.
복실복실하고 통통한 가방은 무거워질 수 있으니
간단하게 들 수 있는 작은 사이즈로 만들었어요.

크리스마스 파우치

귀여운 폼폼 조임 끈에 크리스마스를 담은 배색이 함께하는 작은 파우치.
배색할 때 실 바꿈에 주의해 무늬를 완성해보세요.

실	애니울 바탕실 1볼, 배색실 1볼
바늘	모사용 5/0(3mm)
사이즈	가로 13.5c, 높이 17c

1 기초코 사슬 33코로 시작해, 원통뜨기 합니다. 1단은 짧은뜨기 합니다.

2 2단부터는 기둥코 없이 이랑뜨기(21쪽 참고)로 배색에 주의해 뜹니다 (40쪽 실 바꾸기 참고).

3 폼폼 스트랩을 통과하기 위해 32단의 짧은뜨기 사이에 사슬로 구멍을 만듭니다.

4 스레드 코드를 40cm 뜨고, 끝에 폼폼을 답니다.

5 가방의 구멍 부분에 4의 조임끈을 통과하고, 풀리지 않도록 끝부분은 한번 감아 묶습니다.

⟲	사슬뜨기
●	빼뜨기
✕	짧은뜨기
⤬	이랑뜨기
↗	실 잇기
↘	실 끊기

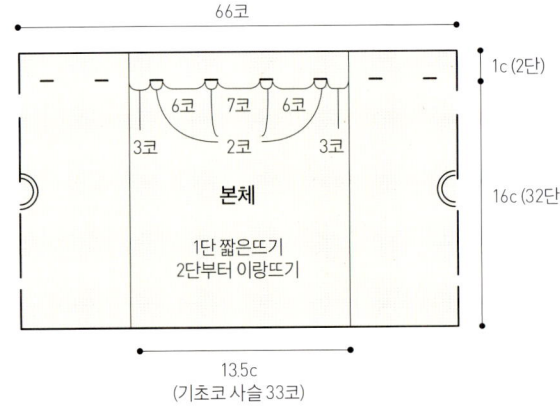

66코

1c (2단)

6코 7코 6코

3코   2코   3코

본체

1단 짧은뜨기
2단부터 이랑뜨기

16c (32단)

13.5c
(기초코 사슬 33코)

◉ 뒤 이랑뜨기

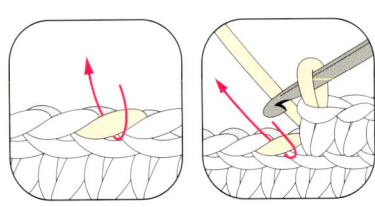

아래 단 코머리의 뒤 가닥에만 바늘을 통과해 짧은뜨기 합니다.

한쪽 끝에 폼폼을 달고, 파우치의 상단 사슬 부분으로 스트랩을 통과한 후 반대쪽 끝은 한 번 감아 묶습니다.

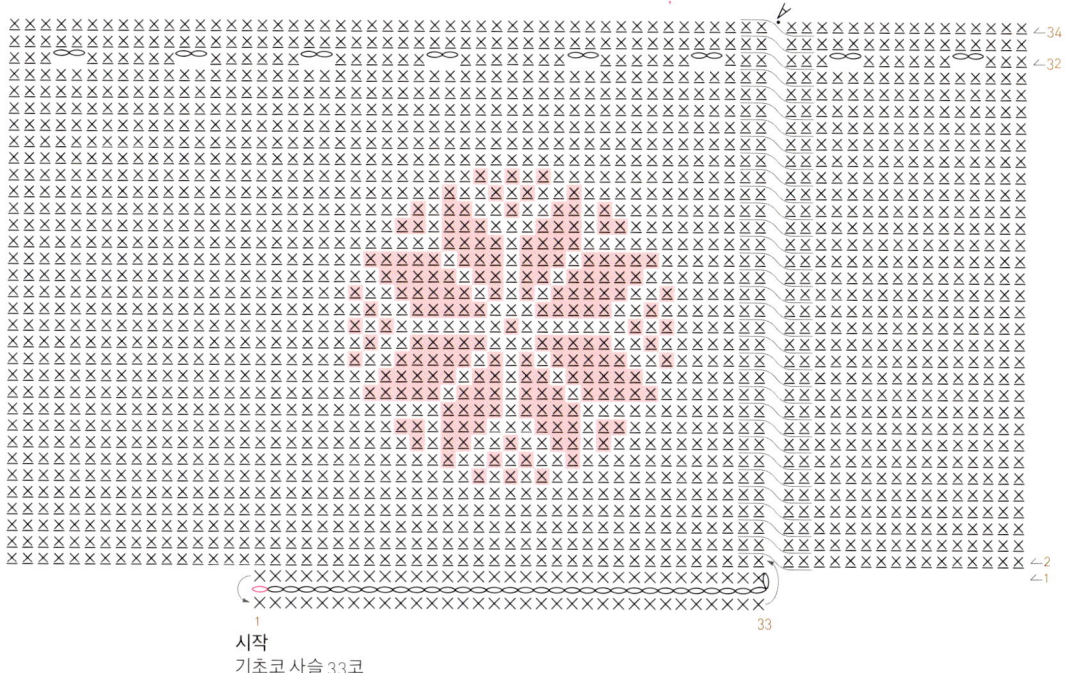

시작
기초코 사슬 33코

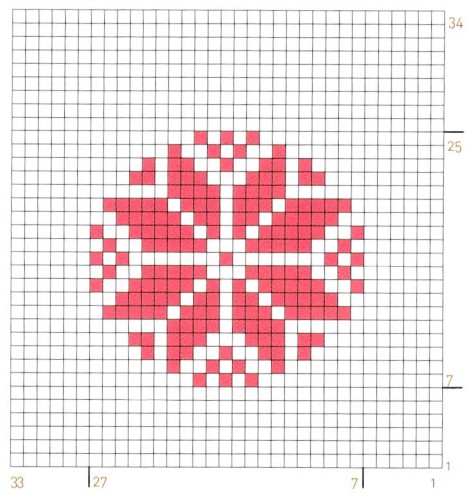

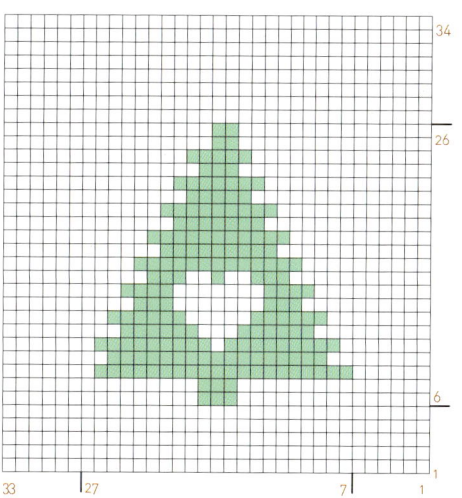

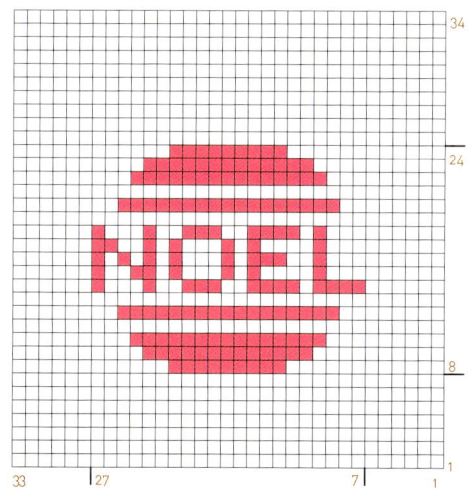

벨벳 클러치

엄마가 생각나는 느낌의 벨벳 실로 만든, 레트로한 느낌의 클러치백.
돗바늘을 사용하지 않고, 편물에 프레임을 직접 연결하는 방법을 사용합니다.

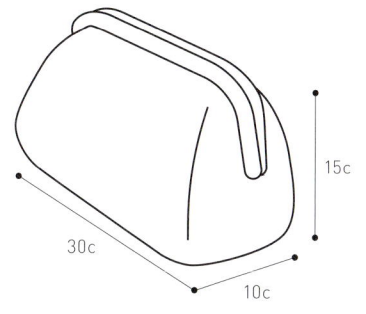

실	브이실 2볼
바늘	모사용 8/0(5mm)
부자재	바네 클러치 알루미늄 휠 24cm
사이즈	가로 30c, 높이 15c, 폭 10c

1 바닥은 기초코 사슬 26코로 시작해, 도안을 따라 뜹니다.

2 바닥의 표시한 위치에 실을 새로 잇고, 바닥의 가장자리 코를 주워 1단을 뜹니다.

3 옆면을 16단까지 모서리 코 늘림에 주의해 뜹니다. 17단부터 25단까지는 코 늘림 없이 뜹니다.

4 가방 본체를 잘 포개어 앞뒤로 60코씩 나눠지도록 양쪽에 마커로 표시합니다.

5 클러치 프레임을 펼쳐 가방 본체와 프레임 연결용 빼뜨기로 연결합니다.

⌒	사슬뜨기
●	빼뜨기
🔵	프레임 연결용 빼뜨기
✕	짧은뜨기
∨=⋎	짧은뜨기 2코 모아뜨기
✔	실 잇기
✔	실 끊기

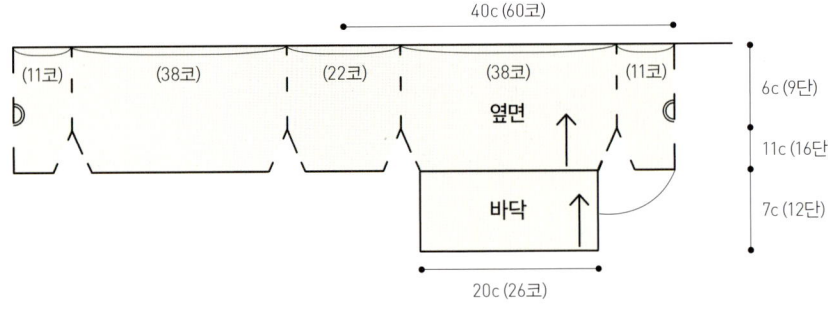

40c (60코)

(11코) (38코) (22코) (38코) (11코)

옆면

바닥

6c (9단)

11c (16단)

7c (12단)

20c (26코)

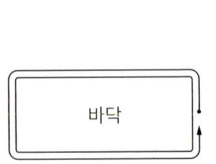

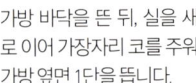

바닥

가방 바닥을 뜬 뒤, 실을 새로 이어 가장자리 코를 주워 가방 옆면 1단을 뜹니다.

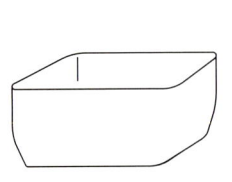

16단까지 코늘림에 주의해 뜹니다. 17단~25단은 코 늘림 없이 뜹니다.

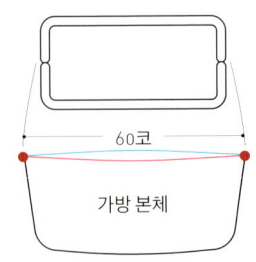

60코

가방 본체

가방 본체를 잘 포갠 뒤, 콧수가 앞뒤로 60코씩 나눠지도록 양쪽에 마커로 표시합니다. 클러치 프레임을 펼쳐 프레임 관절 부분과 마커 부분을 맞춰, 가방 본체와 연결합니다. 동영상을 참고하세요.

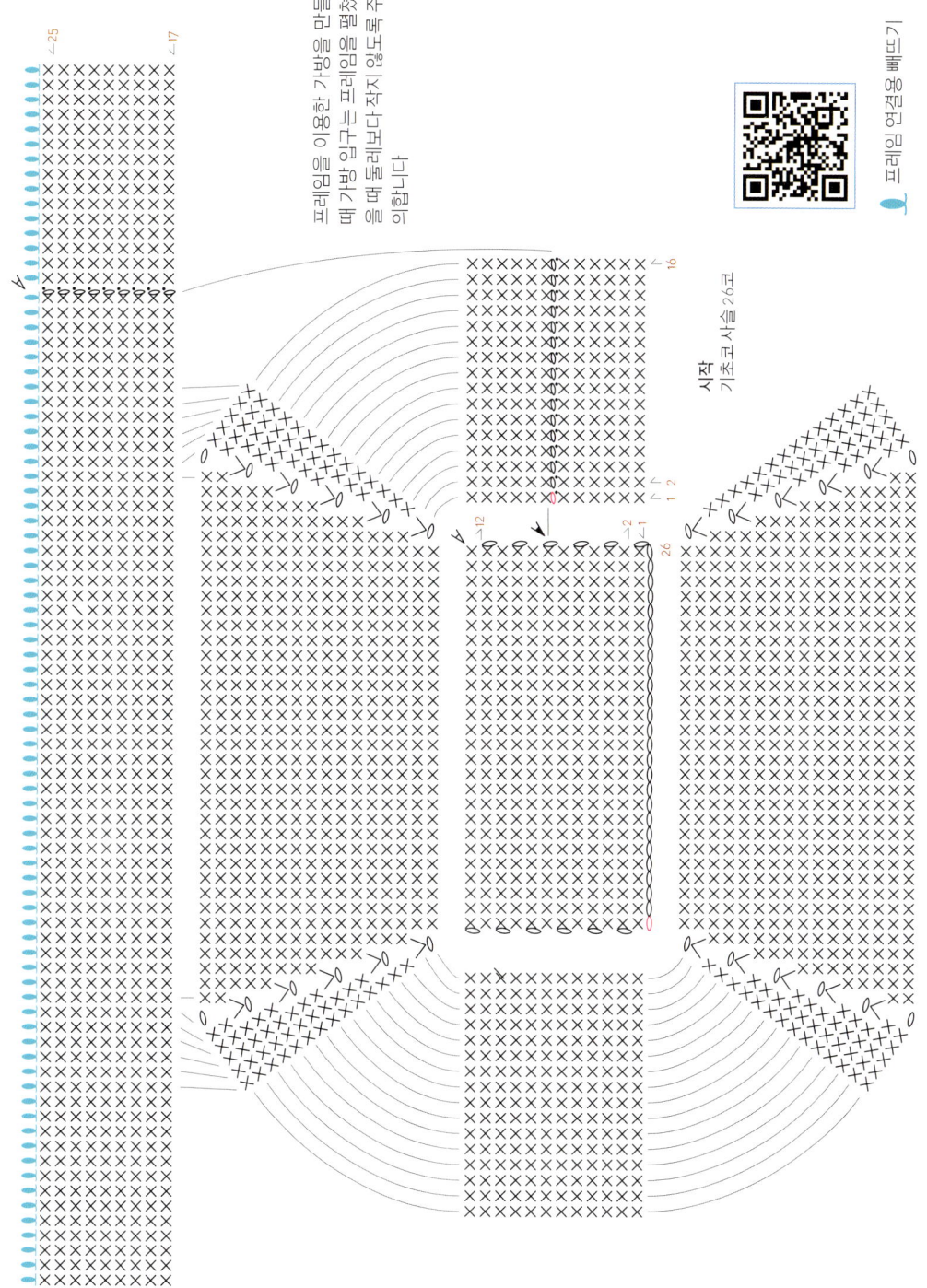

프레임을 이용한 가방을 만들 때 가방 입구는 프레임을 펼쳤을 때 둘레보다 작지 않도록 주의합니다

시작
기초코사슬 26코

프레임 연결용 빼뜨기

니트백

보송보송한 굵은 실을 이용해 만드는 겨울 느낌의 니트백.
이랑뜨기와 짧은뜨기를 변형한 니트 스티치로 대바늘 편물 느낌을 낼 수 있어요.

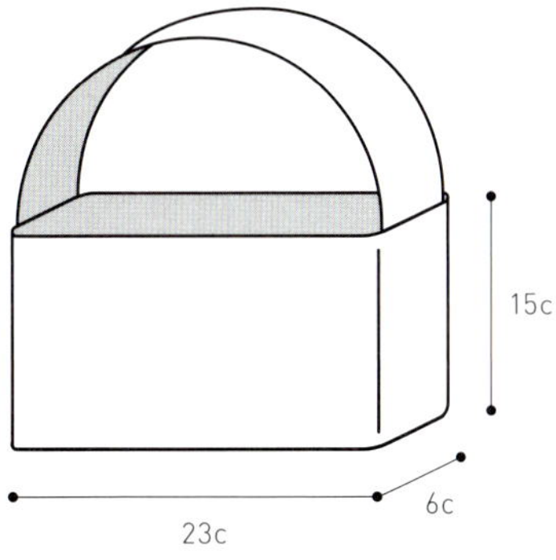

실	나코 내추럴 울 3볼
바늘	모사용 10/0(6mm)
사이즈	가로 23c, 높이 15c, 폭 6c,

15c

6c

23c

만드는 방법

1 바닥은 기초코 사슬 13코로 시작해 2단 뜬 뒤, 가장자리 코를 주워 도
안에 따라 뜹니다.

2 옆면은 이랑뜨기와 니트 스티치(31쪽 참고)를 번갈아 뜹니다. 1단을 제
외하고, 2단부터는 기둥코 없이 뜹니다.

3 10단까지 가방 옆면을 뜨고, 가방 입구 부분은 이랑 빼뜨기(22쪽 참고)
로 마무리합니다.

4 가방 스트랩을 뜹니다. 기초코 사슬뜨기 후 첫 단은 코산에 짧은뜨기
합니다.

5 가방 입구의 양옆 좁은 부분에 돗바늘로 스트랩을 붙입니다.

◠	사슬뜨기
●	빼뜨기
⊥	이랑 빼뜨기
╳	니트 스티치 짧은뜨기
✕	짧은뜨기
⤬	이랑뜨기
∨=⩛	짧은뜨기 2코 늘려뜨기
⤴	실 끊기

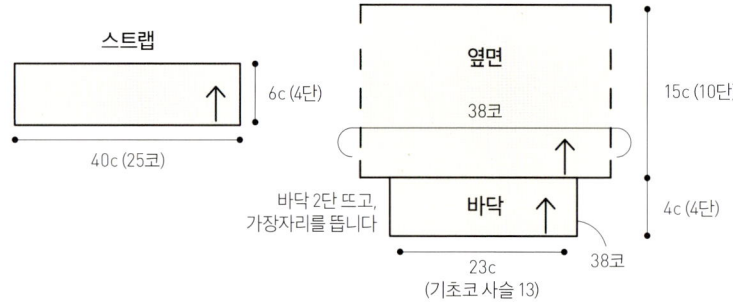

스트랩

6c (4단)

40c (25코)

옆면

38코

15c (10단)

바닥 2단 뜨고,
가장자리를 뜹니다

바닥

4c (4단)

23c
(기초코 사슬 13)

38코

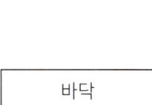

바닥

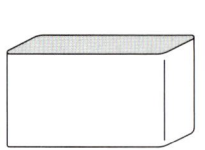

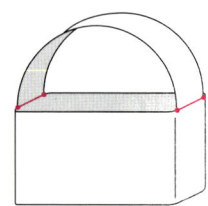

바닥은 왕복뜨기로 2단 뜬
후, 코를 주워 가장자리를
뜹니다.

도안에 따라 니트 스티치
와 이랑뜨기를 반복해 옆
면을 뜹니다.

스트랩을 떠서, 가방 입구의
양쪽 좁은 면에 돗바늘로 붙
입니다.

가방 본체

가방 본체의 1단부터 10단까지의 ×는
니트 스티치로 작업합니다

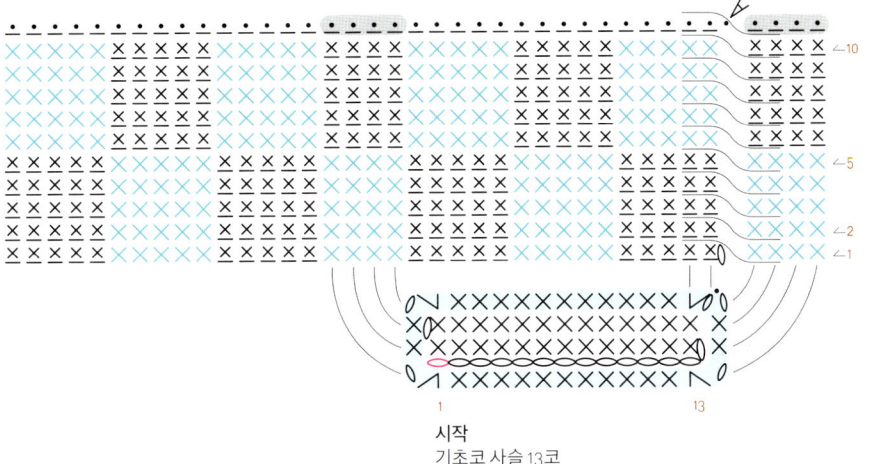

시작
기초코 사슬 13코

스트랩

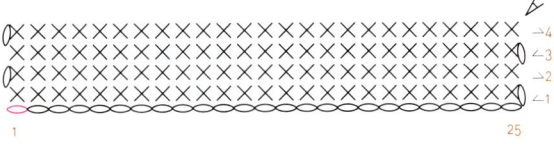

시작
기초코 사슬 25코

⊞ 니트 스티치

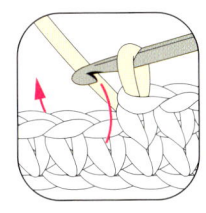 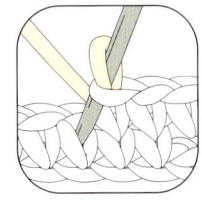 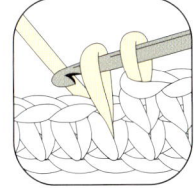

양털 버킷백

실에 작은 고리 매듭들이 있는 부클사를 이용해 만든 양털 느낌의 버킷백.
코바늘 가방 겉에 주머니를 만들어봅니다.

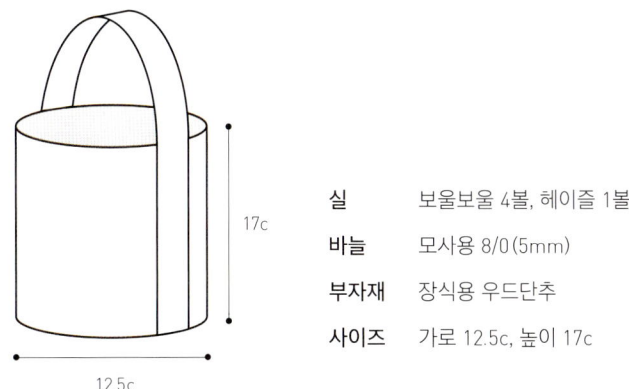

실	보울보울 4볼, 헤이즐 1볼
바늘	모사용 8/0(5mm)
부자재	장식용 우드단추
사이즈	가로 12.5c, 높이 17c

1 보울보울 3겹과 헤이즐 1겹을 함께 잡고 뜹니다. 바닥은 매직링에 짧은뜨기 8코를 한 뒤, 기둥코 없이 6단까지 뜹니다.

2 가방 옆면 1단의 앞이랑뜨기 16코 부분을 주의해 원통뜨기 합니다.

3 13단까지 가방 옆면을 뜨고, 실을 끊습니다. 가방을 뒤집습니다.

4 (안) 앞이랑뜨기 한 부분의 남은 반 코를 주워 짧은뜨기 16코를 뜨고, 13단까지 왕복뜨기 합니다. 포켓 부분입니다. 가방을 뒤집습니다.

5 (겉) 가방 안쪽의 포켓 부분과 가방 겉을 잘 포개어 마커로 고정합니다.

6 새로 실을 이어 짧은뜨기 합니다. 가방 옆 14단은 짧은뜨기를 뜨다가, 가방 겉과 포켓이 겹쳐지는 첫 2코를 함께 짧은뜨기 합니다. 가방 안쪽의 포켓 부분 12코에 짧은뜨기 하고, 포켓과 가방 겉이 겹쳐지는 마지막 2코를 함께 짧은뜨기 합니다. 17단까지 원통뜨기 합니다. 가방을 뒤집습니다.

7 (안) 가방 안쪽에서 포켓의 양쪽 부분을 돗바늘을 이용해 막습니다. 가방을 뒤집습니다.

8 (겉) 손잡이를 떠서 가방에 돗바늘로 붙입니다. 우드 단추를 장식용으로 부착할 수 있습니다.

⌒	사슬뜨기
●	빼뜨기
✕	짧은뜨기
✕	앞 이랑뜨기
∨=⩔	짧은뜨기 2코 늘려뜨기
↙	실 잇기
↙	실 끊기

바닥을 뜬 뒤, 가방 옆면 1단의 앞 이랑뜨기 16코 부분을 주의해 원통뜨기로 13단까지 뜹니다.

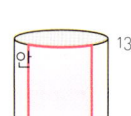

가방을 뒤집어 앞이랑뜨기 한 부분의 남은 반코를 주워 왕복뜨기로 13단까지 뜹니다.

가방을 겉이 보이게 뒤집고, 안쪽의 포켓 부분과 가방 옆면을 잘 포개어 마커로 고정합니다.

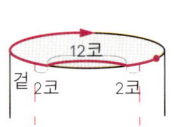

실을 새로 이어 14단의 포켓 부분 진행에 주의해 뜨고, 17단까지 원통뜨기 합니다.

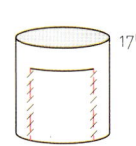

가방을 뒤집어 가방 안쪽에서 포켓 양쪽 부분을 돗바늘을 이용해 막습니다.

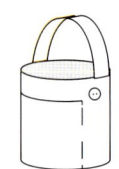

스트랩을 떠 가방 옆면에 붙입니다. 돗바늘을 이용합니다.

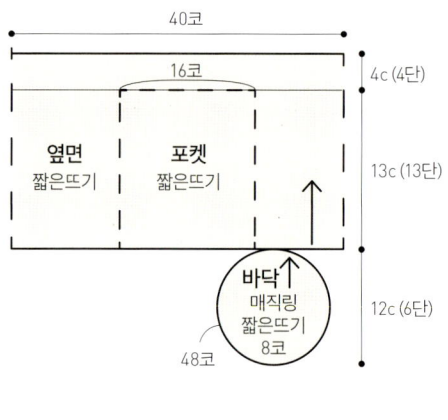

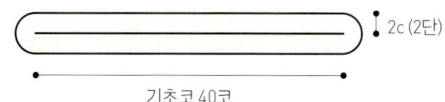

가방 본체

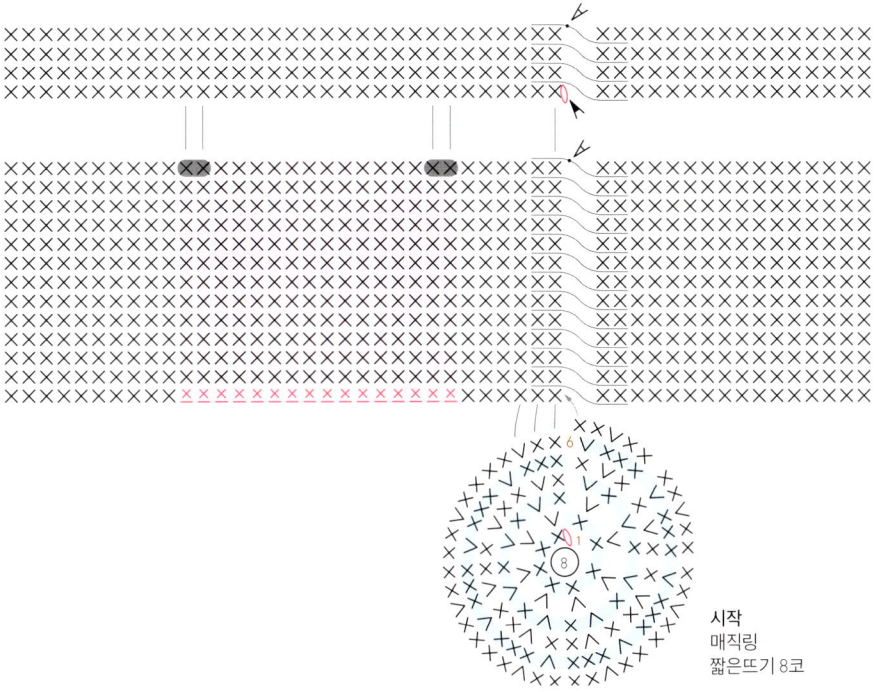

시작
매직링
짧은뜨기 8코

스트랩

시작
기초코 사슬 40코

포켓

가방을 뒤집어 안쪽에서 포켓 부
분을 뜹니다.
앞 이랑뜨기 한 부분의 뒷 반 코를
주워 짧은뜨기 해 1단을 뜹니다.
13단까지 왕복뜨기 합니다.

안

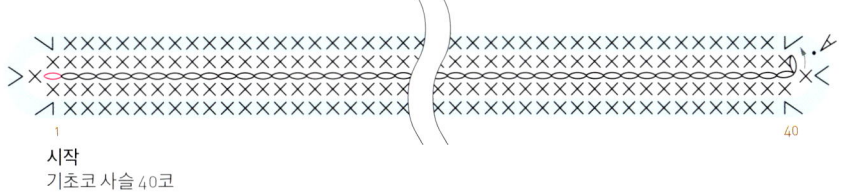

* 이 책에서 사용된 실은 야나(yarn-a.com)에서 구입하실 수 있습니다.
* 62쪽 메르시백, 100쪽 봉봉 미니백은 야나의 도안입니다.

사계절 코바늘 가방

초판 1쇄 발행 2023년 5월 27일
초판 2쇄 발행 2024년 8월 30일

지은이 박강혜
펴낸이 정용수

편집장 차인태 **편집** 이지현
디자인 손정주
영업·마케팅 김상연·정경민
제작 김동명 **관리** 윤지연

펴낸곳 ㈜예문아카이브
출판등록 2016년 8월 8일 제2016-000240호
주소 서울시 마포구 동교로18길 10 2층
문의전화 02-2038-3372 **주문전화** 031-955-0550 **팩스** 031-955-0660
이메일 archive.rights@gmail.com **홈페이지** ymarchive.com
인스타그램 yeamoon.arv

ISBN 979-11-6386-197-3 (13630)